들꽃에게 귀 기울이는 시간

자연이 속삭이는 하나님의 음성

들꽃에게 귀 기울이는 시간

최병성 글·사진

Holy WavePlus

차례

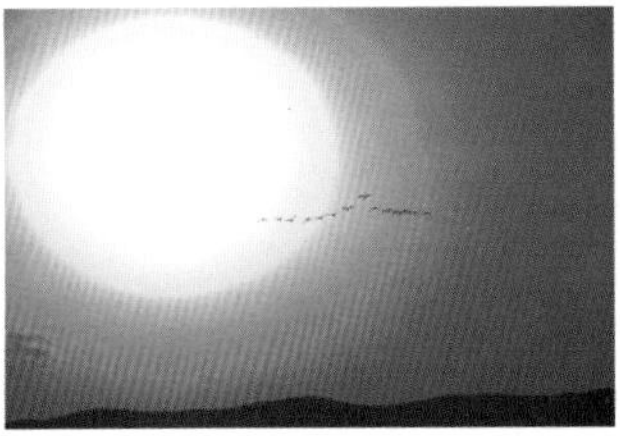

시작
용서의 날개로 비행하는 기러기처럼

봄

둘이 아닌 하나인 꽃과 나비처럼

여름

가슴에 별을 품은 나팔꽃처럼

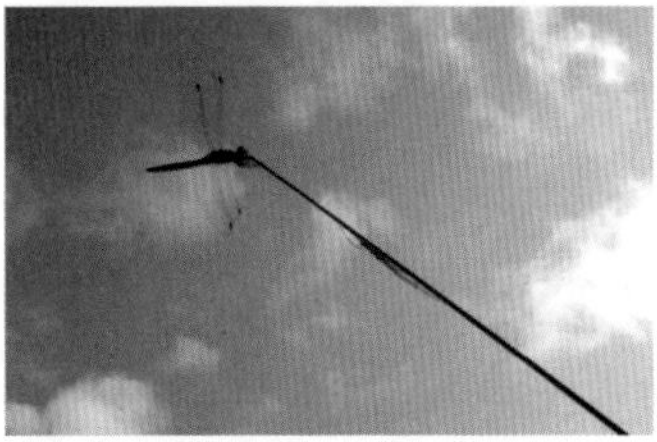

가을

하늘 본향을 찾아가는 잠자리처럼

겨울

양지바른 언덕
따사로운 햇살처럼

다시, 시작

거센 파도를 헤치며
나아가는 배처럼

들어가며

일상 속에서 하나님의 속삭임을 듣는 귀가 열리길

하나님을 어디서 만날 수 있을까요? 하나님과의 만남은 모든 신앙인들의 간절한 소망이기도 합니다. 사람들은 하나님을 찾기 위해 특별한 시간에 좀더 거룩해 보이는 특별한 장소를 찾아가길 좋아합니다. 그러나 하나님은 특별한 시간과 특별한 장소에만 머무는 이상한 신이 아닙니다.

창세기 1장에서 하나님은 온 우주 만물을 만드시고 자신이 만드신 모든 것들을 바라보시며 참 좋다고 감탄하셨습니다. 하나님은 성경을 통해 우리에게 말씀하실 뿐만 아니라, 당신께서 심혈을 기울여 만드신 아름다운 자연을 통해 우리에게 속삭이십니다. 우리가 정말 하나님을 만나길 원한다면 하나님의 걸작품이요, 그분의 숨결이 담겨 있는 아름다운 자연 앞에서 하나님처럼 감탄할 줄 알아야 합니다.

시편에 "언어도 없고 말씀도 없으며 들리는 소리도 없으나 그의 소리가 온 땅에 통하고 그의 말씀이 이 세상 끝까지 이르도다"(시편

19:3-4)라고 했습니다. 하나님은 그분의 영광이 가득한 세상 속에서 우리에게 발견되기를 기다리고 계십니다. 이제 우리에겐 소리 없는 소리를 보고 들을 수 있는 열린 영혼의 눈과 귀가 필요하지요.

예수님의 말씀들은 참 놀랍습니다. 예수님은 어려운 철학과 사상을 인용하여 말씀하지 않으셨습니다. 예수님은 이스라엘 들판에 흔한 백합화와 참새와 포도나무와 겨자씨 등 아주 보잘것없는 사물 속에서 하늘의 진리를 우리에게 들려주셨습니다. 예수님은 특별한 장소와 거창한 사건이 아니라, 우리가 매일 길에서 만나는 작고 사소한 것에서 하나님의 속삭임을 찾아낸 것입니다. 우리에겐 “좀과 동록”처럼 하찮은 것들일지라도, 열린 눈으로 바라보는 예수님에겐 모든 것이 하늘의 진리를 들려주는 보화들이었던 거지요.

장 칼뱅은 모든 곳에 하나님의 영광이 가득하지만, 우리 눈이 감겨 이를 발견하지 못하는 것을 안타까워했습니다. 카르데날은 우리 주위의 모든 것들이 하나님의 사랑과 그분의 존재를 크게 외치는 하나님이 내게 보낸 편지라고 이야기했습니다.

헤르만 헤세는 모든 피조물 안에 깃들인 창조주에 대한 예감을 얻기 위해 자연에 대한 경이감을 갖고 가슴 설레며 자연의 언어를 엿들어야 한다고 했습니다. 특히 그는, 자연은 그림이자 언어며 빛깔을 지닌 상형문자인데 우리는 자연과 싸울 뿐, 자연을 보고 읽는 능력을 잃어버렸다고 강조했지요.

티끌 모아 태산을 이룬다더니 정말 그 말이 실감납니다. 한 큐티

책에 한 달 한 달 글을 연재했는데 어느새 8년이란 긴 시간이 되었습니다. 바쁘다는 이유로 중간에 글쓰기를 포기하고 싶은 마음이 든 적도 있었지만, 많은 이들에게 하나님을 만나는 위로와 용기가 되었다는 소식에 오늘까지 달려올 수 있었지요. 그 8년의 티끌들을 모아 한 권의 책으로 엮어 내놓습니다.

이 책은 계절의 변화를 따라가며, 일 년 내내 성실하게 우리와 함께하시는 하나님을 만날 수 있는 길로 우리를 안내해줄 것입니다. 이 책과 함께하면서 우리의 눈이 열려, 멀리 계신 하나님이 아니라 늘 내 곁에 나를 기다리고 계신 하나님을 깨닫게 되기를 바랍니다. 특히, 새로운 예화와 하늘의 이야깃거리를 찾는 목회자들이 우리 주변의 사물들이 들려주는 하나님의 속삭임에 익숙하게 되어, 예수님처럼 생동감 있는 생명의 말씀을 전하는 데 이 책이 도움이 되기를 소망합니다.

우리가 만약 아름다운 자연을 바라보며 하나님처럼 감탄할 줄 알게 된다면, 나무 한 그루, 들꽃 한 송이, 햇살 한 줌, 바람 한 줄기 속에서 예수님처럼 하나님의 속삭임을 들을 수만 있다면, 하늘의 평화와 기쁨 가득한 새로운 세상이 우리에게 열릴 것입니다.

하늘의 음악이 가득한 겨울 숲길에서

최 병 성

시작

용서의 날개로 비행하는 기러기처럼

"우리 영혼이

새롭게 전진하기 위해서는

용서가 필요합니다."

어제의 상처에 매이지 않고 날아가는 오늘

동쪽 하늘에 밝게 떠오르는 햇살을 가르며 기러기들이 힘차게 날아갑니다. 동트는 이른 새벽마다 하늘을 차고 오르는 기러기들이 새해를 맞이하는 하나님의 자녀들에게 힘찬 비행을 시작하라고 이야기하는 듯하네요.

아직 아무것도 쓰여 있지 않은 새해를 선물 받았습니다. 그러나 달력은 새해를 이야기하고 있지만, 우리의 삶은 지난해 악습의 연속인 경우가 많습니다. 오늘을 살면서 어제를 벗어버리지 못한 까닭이지요.

우리는 종종 어제의 무거운 짐을 지고 오늘을 살아갑니다. 새해가 정말 밝은 새해답기 위해서는 내 마음을 짓누르고 있는 어제의 무거운 짐을 모두 벗어버려야 합니다. 어제를 털고 새로운 날을 시작하기 위해서는 나 자신을 용서하는 법부터 배워야 합니다. 우리는 완벽한 존재가 아니라 '되어가는' 존재이기 때문입니다.

예수님은 "하나님을 사랑하고, 내 이웃을 사랑하라"라는 새 계명을 주셨습니다. 그러나 내가 나 자신을 용서하지 못한다면, 하나님과 이웃을 사랑할 수 없습니다. 나의 못남과 연약함을 사랑하지 못한다면, 내 형제의 허물을 용서하고 사랑할 수도 없습니다. 지금 내 모습을 받아들이고 사랑할 수 있을 때만, 지금의 부족한 내 모습을 허락하신 하나님을 사랑할 수 있게 됩니다.

잎사귀들을 다 떨어뜨린 겨울나무들을 한번 바라보십시오. 지난날의 상처를 그대로 안고 당당히 서 있습니다. 나무들은 어제의 상처에 매이지 않고 늘 새로운 시작을 합니다. 우리 영혼이 어제의 상처와 아픔들에 매여 있으면, 새로운 날을 시작할 수 없습니다. 새해를 새롭게 전진하기 위해선 용서가 필요합니다. 우리 영혼의 발목을 잡고 있는 아픔, 상처, 후회, 미련…. 모든 것을 '용서'의 마법을 통해 훌훌 털어버릴 때, 우리의 새해는 밝고 힘찬 비행이 될 것입니다.

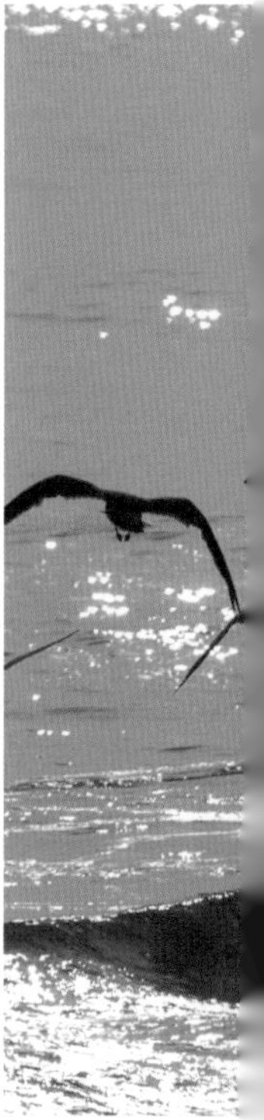

시작

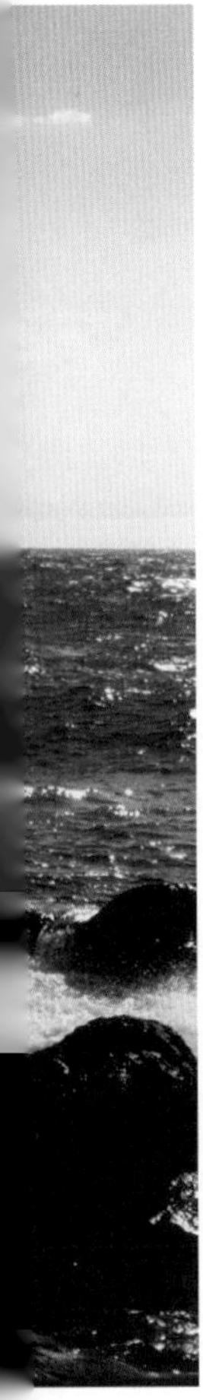

하나님의 임재가 승리의 약속입니다

끊임없이 밀려드는 파도는 하나를 해결하면 또 다른 문제가 다가오는 우리 인생과 꼭 닮았습니다. 새해에는 또 어떤 문제가 파도처럼 밀려올까요? 매일 만나는 그 많은 문제들 속에서 기억해야 할 것은 그것들이 결코 혼자 끙끙거리며 짊어져야 할 무거운 짐이 아니며 우리에겐 승리의 희망이 있다는 것입니다. "볼지어다 세상 끝날까지 너희와 항상 함께 있으리라"(마태복음 28:20) 하신 주님의 약속이 있기 때문이지요.

하나님은 여호사밧 왕에게 들려주었던 "이 큰 무리로 인하여 두려워하거나 놀라지 말라. 이 전쟁이 너희에게 속한 것이 아니요 하나님께 속한 것이니라"(역대하 20:15)라는 말씀을 통해 우리에게 담대히 새해를 맞이하라고 위로하십니다.

우리 인생은 하나님과 함께하는 전쟁터입니다. 하나님의 임재가 승리의 약속이라면, 우리는 삶의 모든 순간에 승리를 보장받으며, 그 승리로 인한 감격과 기쁨 역시 약속되어 있지요.

문제는 하나님의 임재가 내게 역사하시도록 매 순간 하나님께 삶을 의탁하는 것입니다. 우리는 하나님을 믿노라 하면서도 하나님이 내 삶에 역사하실 자리를 드리지 않습니다. 스스로 모든 것을 해결하려다 낙심하게 됩니다. 오늘 내가 해결해야 할 문제가 아무리 작을지라도, 혹은 아무리 크고 어려운 문제일지라도 내 삶의 모든 전쟁이 하나님의 것임을 알고 하나님께 맡기기를 배워야 합니다.

하나님은 늘 나와 함께하십니다. 다만 엠마오로 가던 제자들처럼 어두운 내 눈이 그분을 깨닫지 못하고 있을 뿐이지요. 하나님의 임재와 현존은 내게 맡겨져 있다 해도 과언이 아닙니다. 우리에게 맡겨진 하나님의 임재는 우리의 믿음을 통해 승리의 기쁨으로 태어납니다. 하나님과 동행하는 전쟁터에서 승리하는 새해가 되기를 기도합니다.

인간의 연약함에
쏟아져 들어오는 은총

온 세상을 하얀 이불이 덮고 있습니다. 목표를 정해놓고 걸어보지만, 뒤돌아보면 눈밭에 난 발자국은 삐뚤빼뚤합니다. 새로운 한 해를 맞이할 때마다 올해는 지난해와는 달리 잘 살아보겠다고 다짐을 하곤 합니다. 성공적으로 잘 살아보겠다는 소망과는 달리 현실은 늘 우리를 넘어지게 합니다. "다음엔 더 잘 할 수 있어" 하며 스스로를 격려해보지만, 또 다시 실수와 넘어짐의 반복입니다. "이게 아니야!" 하며 나약한 나 자신을 미워합니다.

예수님이 "원수를 사랑하라"라고 말씀했는데, 우리가 정말 사랑해야 할 원수는 바로 나 자신이라는 것을 아시나요? 그리스도인은 완벽함에 대한 환상과 가면을 벗고 자신에게 솔직해져야 합니다. 자신의 연약한 모습을 인정하고 받아들여야 하지요. 나의 실수와 연약함을 보며 괴로워하는 것은 숨겨진 교만에 불과한 것이며, 내 삶의 주인이 하나님이 아니라 나 자신임을 말하는 것입니다.

실수와 실패의 그 순간, 곧 나의 연약함이 드러난 그 자리가 하나님이 내 삶의 주인이 되실 수 있는 절호의 기회입니다. 참된 그리스도인의 어려움이 바로 여기에 있습니다. 우리는 자신의 연약함을 싫어하지만 주님은 우리의 연약함 가운데 당신의 능력으로 임하신다고 말씀합니다.

성경은 완전한 인간들의 삶이 아니라, 인간의 실패를 통한 하나님의 완성을 노래한 책입니다. 모세와 다윗, 바울과 베드로 모두 실수와 실패의 사람들이었습니다. 성경은 인간의 능력이 아니라, 인간의 연약함에 쏟아져 들어오는 하나님의 무한한 은총과 능력을 말합니다. 나의 어쩔 수 없는 연약한 바보 같은 모습에 하나님의 크신 사랑이 함께하는 것입니다.

내 삶의 진정한 승리는 나 홀로 힘겨운 투쟁에서 오는 것이 아니라, 오직 주님의 능력에서 오는 것임을 알아야 합니다. 새해는 자신의 부족함을 인정하고 하나님의 은혜를 의지하는 법을 배우는 한 해가 되길 소망해봅니다. 하나님은 내게서 아브라함이나 모세를 닮은 '표절자 그리스도인'이 아니라, 있는 그대로의 나 자신을 원하시기 때문입니다.

"하나님이 만드신 이 세상은 그분이 연주하는 멋진 음악으로 가득합니다.
하나님의 자녀들은 소리 없는 소리를 들을 수 있는 열린 영혼의 귀가 있어야 합니다."

새해 당신에게 기쁨이 될 단 한 말씀은?

어느 날 한 젊은이가 스승을 찾아가 질문했습니다. "선생님, 기도를 잘 하고 싶은데 제가 무엇을 해야 할까요?" 스승은 다음과 같이 대답했습니다. "성경 가운데 당신이 아는 말씀이 많을 것입니다. 혹시 그 중에 당신에게 특별히 와 닿는 구절이 있나요?" "물론이지요." "좋아요. 그러면 그 구절로 한 시간 동안 기도한 다음 다시 내게 찾아오십시오."

젊은이는 한 시간 동안 기도한 후 다시 스승을 찾아왔습니다. "선생님, 한 시간 동안 한 구절로 기도했습니다. 그 다음에는 제가 어떻게 해야 하나요?" 그러자 "하루 종일 그 구절로 기도하고 내일 다시 나를 찾아오십시오"라고 스승이 대답했습니다.

젊은이는 하루 종일 한 말씀만으로 기도한 후 다시 스승을 찾아갔습니다. 스승은 젊은이를 보고 웃으며 "그 구절로 일주일 동안 내내 기도하십시오. 그리고 다시 나를 찾아오십시오"라고 했습니다.

젊은이는 실망스러웠지만, 일주일 내내 단 한 말씀을 붙들고 기도했습니다. 그리고 일주일 뒤 스승을 찾아간 젊은이는 간청하듯 애절하게 말했습니다. "선생님, 제가 계속 이 구절로 기도해도 될까요?" 스승은 젊은이의 마음을 알고 활짝 웃으며 "만일 기도를 잘 하기 원한다면, 당신의 남은 평생 동안 그 한 구절로 기도를 계속하는 것으로 충분할 것입니다"라고 대답했습니다.

우리는 성경공부를 통해 많은 말씀들을 익히 알고 있습니다. 그러나 그 많은 말씀 중에 내 안에 살아 역사하는 생명의 말씀이 없습니다. 우리는 말씀이 없어 굶주린 것이 아닙니다. 내 안에 생명이 되는 단 한 말씀이 없기 때문입니다.

새해가 되었습니다. 승리하는 한 해가 되기 위해서는 생각만 해도 내 안에 생명으로 꿈틀거리는 단 한 말씀이 내게 필요합니다. 올 한 해 나를 기쁨으로 인도할 단 하나의 말씀을 찾으십시오. 그 말씀이 내 안에 살아 숨 쉬고 역사할 때까지 그 말씀 안에 머무르십시오. 단 한 말씀이 내 안에서 약동하기 시작하면, 날마다 승리하는 행복한 새해가 될 것입니다.

따듯한 동행이 될
친구를 소개합니다

누구 발자국일까? 찬바람 부는 드넓은 눈밭에 다정하게 걸어간 발자국이 선명하게 찍혀 있습니다. 얼마나 사랑하기에 저토록 나란히 걸어간 것일까요? 뽀드득 뽀드득 소리 나는 눈길을 함께 걸으며 무슨 이야기를 나누었을지 그들의 속삭임이 궁금해 집니다.

눈밭의 발자국을 바라보노라니 "누가 나와 같이 함께 울어 줄 사람 있나요? 누가 나와 같이 함께 따듯한 동행이 될까…"라는 최성수님의 '동행'이라는 노랫가락이 아련히 귓가를 흐릅니다. 외로운 인생길에서 나와 함께해줄 친구가 우리 곁에 얼마나 있을까요? 만약 내 곁에 단 한 사람이라도 있다면 그는 행복한 사람일 것입니다. 오늘 우리는 트위터와 페이스북 덕에 친구가 넘치는 세상을 살아가지만, 정작 내 마음 깊은 곳을 나눌 단 한 명의 진짜 친구도 없는 것은 아닐까요?

예수님은 내게 먼저 다가와 내 친구가 되어주셨습니다. 예수님은 세상 끝날까지 언제나 나와 함께하는 친구가 되겠다고 약속하셨습니다. 예수님은 내 인생 길을 함께 걸어가는 친구입니다. 내가 지칠 때면 내게 힘을 주고, 내가 넘어지면 나를 일으켜주는 참 좋은 친구입니다.

문제는 예수님은 늘 내 곁에 계시건만, 엠마오로 가는 두 제자처럼 내 마음이 분주하여 내 곁에 동행하는 그분을 뵙지 못한다는 것이지요. 지금 우리에게 필요한 것은 믿음의 눈을 떠서 내 곁에 항상 따듯한 동행이 되는 그분을 뵙는 것입니다. 우리 앞에 하얗게 펼쳐진 '새해'라는 새로운 눈밭을 예수님과 다정하게 걸어가는 벗님들 되기를 마음 모아 기도합니다.

천국 눈밭에 하나님과 하나 된 발자국을 남기길

눈 쌓인 겨울 숲 속을 거닐다보면 종종 산짐승들의 발자국을 만납니다. 두 발씩 모아 폴짝폴짝 뛰어간 귀염둥이 산토끼로부터 고라니, 너구리, 삵, 수달과 다양한 새들의 발자국을 보게 되지요. 모든 생명들이 저마다 특이한 발자국을 지니고 있습니다. 덕분에 발자국만 보고도 지난 밤 어떤 친구들이 이곳을 지나갔는지 알 수 있습니다.

눈밭 위에 찍힌 흔적은 발자국의 주인이 누구인지 말해줄 뿐만 아니라, 이 친구가 여유 있는 걸음이었는지, 아니면 누군가에 쫓겨 급하게 달려갔는지도 보여줍니다. 상황에 따라 보폭과 걸음걸이가 달라지기 때문입니다.

천국의 눈밭 위에 찍힌 우리의 발자국은 어떤 모습일까요? 우리의 삶은 누군가에게 뒤처질까 봐 염려되어 숨 가쁘게 달려가는 것이 일상이 되었습니다. 오늘 하루도 무언가 움켜쥐기 위해 쉬지 않고 달려왔는데 돌아보면 아무것도 남아 있지 않습니다.

바쁘게 살았다고 모두가 좋은 것은 아닙니다. 예수님은 우리에게 '열심히'가 아니라 '바르게' 살 것을 소망하십니다. 예수님이 하늘

영광을 버리고 이 땅 위에 오신 이유도 거짓 열심에 구속된 우리에게 참 삶의 자유를 주시기 위함이었습니다.

시간을 착취하는 현대적 삶은 우리를 노예로 만듭니다. 바쁜 일상에 끌려가는 삶에서 벗어나기 위해선 매일 자신에게 시간을 주어야 합니다. 우리는 나 자신의 시간을 지킬 권리가 있습니다. 시간은 내게 주신 하나님의 선물이기 때문입니다. 우리는 나만의 시간 안에서 완성되어갑니다.

내게 시간을 허락한다는 것은 '쉼'의 하나님 안에 안식함을 말합니다. 나만의 시간을 누림이란 고요의 하나님과 더불어 호흡하는 것입니다. 내 영혼 가장 깊은 곳에서 가장 멋진 나를 이루시는 분이 바로 하나님이시기 때문입니다. 천국 눈밭에 하나님과 하나 된 발자국을 남기는 새해가 되길 간절히 소망합니다.

시작

하나님과 더불어 기쁨을 누리는 유일한 방법

밝은 태양이 떠오름과 동시에 새로운 한 해를 선물 받았습니다. 에리히 프롬은 사랑의 가장 큰 특징은 "일치를 지향하는 것"이라 이야기했습니다. 서로 사랑하는 연인은 눈빛만 보아도 서로를 알 수 있을 만큼 하나가 됩니다. 사도 요한은 "하나님은 사랑"(요한일서 4:16)이라고 했습니다. 하나님이 진정 사랑이시라면 하나님은 언제나 우리와 함께하신다는 것입니다. 그러기에 올 한해도 하나님은 언제나 우리와 함께하실 것입니다.

하나님은 예수님 안에 함께 계셨습니다. 그래서 우리는 예수님 안에서 하나님의 사랑을 보았습니다. 예수님과 하나님이 하나이듯, 하나님은 우리와 하나 되기를 기뻐하십니다. 사랑의 하나님은 하늘 높은 곳에서 우리를 감시하는 분이 아니요, 열심히 믿어야 한다고 강요하는 분도 아닙니다. 하나님은 내 안에 들어오셔서 나와 함께하는 사랑입니다. 그분은 내 안에서 나의 힘과 위로와 지혜가 되시며, 나의 삶을 승리로 이끄시는 분입니다. 예수님은 바로 '나'가 되시기 위하여 하늘에서 이 땅에 내려오신 하나님입니다.

하나님은 언제나 우리와 동행하시건만, 엠마오로 가는 두 제자처럼 많은 사람들이 나와 함께 하시는 하나님을 알아보지 못합니다. 하나님께서 우리와 함께하시지만, 우리 눈과 마음이 다른 곳에 가 있는 것이지요.

내 삶 속에 함께하시는 하나님을 깨닫지 못하는 가장 큰 이유는 내 마음이 느낌과 감정을 중요시하기 때문입니다. 하나님의 임재는 내 감정에 제한받지 않습니다. 찬란한 빛으로 가득한 세상이 하나님의 말씀으로 지어진 것을 믿음으로 알듯이, 내 삶에 함께하는 하나님의 임재 역시 믿음으로 아는 것입니다. 하나님 현존의 비밀은 바로 당신의 믿음에 있습니다.

믿음으로 우리가 하나님의 자녀 되었다면, 하나님의 자녀 된 우리가 하루하루의 삶 속에서 하나님과 동행하며 은혜 가운데서 기쁨을 누리고 사는 방법도 믿음일 수밖에 없습니다. 믿음은 하나님의 능력과 하늘의 많은 보화를 내 것으로 하는 유일한 도구입니다. 우리의 발걸음이 머무는 곳마다 하나님과 동행하는 복된 새해가 되길 기도합니다.

인생길에서 하나님의 네비게이션 안내를 받으려면

요즘은 차량마다 네비게이션이 달려 있어 길 안내를 해주니 초행길도 걱정 없습니다. 놀랍게도 구약에도 네비게이션 사건이 있습니다. 이스라엘의 출애굽이지요. 하나님이 낮에는 구름기둥으로 이스라엘 백성을 인도했고, 밤에는 불기둥으로 그들을 지켜주셨습니다. 이스라엘 백성은 단지 길 안내만 받은 것이 아닙니다. 광야 길에 위험한 적으로부터의 보호와 메추라기와 만나로 매일의 양식도 공급받았습니다. 그야말로 하나님의 놀라운 기적을 날마다 눈과 입으로 체험했던 것이지요! 그런데 그들의 입에는 감사와 찬양 대신 불평과 원망만이 가득했습니다.

오늘 많은 사람들이 뭔가 신기한 체험을 한번 하면 하나님을 더 잘 믿을 것 같다고 이야기합니다. 그러나 손발이 뜨거워지는 체험과 신앙의 성숙은 정비례 관계가 아닙니다. 세상을 모두 태울 것같이 훨훨 타오르는 장작불의 기세도 시간이 조금 지나면 점차 사그라지고 재밖에 남지 않습니다.

엘리야 선지자는 450명의 바알 선지자를 물리친 놀라운 기적을 체험했습니다. 그러나 어제의 용맹은 사라지고 두려움과 절망 속에 죽기를 소원하며 호렙산 위에 서 있었습니다. 하나님은 광풍과 지진과 불길이 지난 후, 세미한 소리로 "네가 어찌하여 여기 있느냐?"라고 물으셨습니다.

우리는 어떤 특별한 하나님을 기대하고 있지만, 하나님은 광풍과 지진과 불길과 같은 거대한 모습으로 다가오지 않습니다. 하나님은 오늘 우리에게 세미한 소리로 다가오십니다. 하나님의 음성은 아주 작은 소리, 우리가 귀를 기울여 들어야 하는 아주 작은 속삭임입니다.

오늘도 하나님은 나를 부르고 계십니다. 세미한 음성으로 매 순간 내 삶에 다가오시는 하나님의 속삭임을 내가 듣지 못할 뿐입니다. 내가 매일 하나님을 만나기 위해서는 내 삶 속에 조용히 속삭이는 하나님의 음성을 듣는 훈련이 필요합니다. 하나님의 세미한 속삭임을 듣는 사람은 인생길에서 가장 확실한 네비게이션을 소유한 행복한 사람입니다.

봄

둘이 아닌 하나인 꽃과 나비처럼

"내 안에 하나님의
충만한 현존을 깨닫는 것,
바로 이것이 참 기도입니다."

희망의 봄을
만들어가는 복수초

달력은 3월이지만 날씨는 여전히 겨울입니다. 여기저기 남아 있는 흰 눈들이 떠나는 겨울을 붙들고 있습니다. 하얀 잔설 속에서 놀라운 기적이 일어나고 있습니다. 추위를 이기고 해님을 닮은 노란 꽃망울을 터트리고 있는 복수초입니다.

숲의 생명들은 매서운 추위가 지나가고 따듯한 봄이 오길 손꼽아 기다리고 있습니다. 그러나 복수초는 차가운 눈 속에서 환한 미소를 짓고 있습니다. 놀랍게도 복수초는 봄을 기다리지 않았습니다. 추위는 상관없다는 듯, 스스로 봄을 만들어가고 있었습니다.

우리는 종종 상황의 피해자가 됩니다. 오늘 내가 넘어짐은 내게 닥친 일이 너무 어려웠기 때문이라고 다른 무엇에게 책임을 돌리곤 합니다. 그러나 믿음의 인물들은 상황의 피해자가 되지 않았습니다. 모두가 절망하는 어두운 현실 속에서도 희망의 빛을 찾았습니다. 문제의 위세에 눌려 넘어지기보다, 문제를 주관하시는 하나님을 붙들고 그분이 공급하시는 힘으로 고난을 극복했습니다.

오늘 예수님이 나와 함께하십니다.
그분의 힘이 나의 힘이 되고,
그분의 능력과 지혜가 내 능력과 지혜가 됩니다.
예수님과 함께라면 봄이 오길 기다릴 필요가 없습니다.
예수님과 함께라면 상황이 바뀔 때까지 기다릴 필요도 없습니다.
문제는 꽃을 피우기에 너무 이른 것이 아니라,
내 안에 예수님이 함께하느냐의 문제입니다.
승리하기에 상황이 너무 나쁜 것이 아니라,
내가 그분을 의지하느냐 하는 것입니다.

예수님과 함께라면 나는 어떤 상황에서도
세상을 밝히는 멋진 꽃을 피우게 될 것입니다.

잡초에게서
희망의 길을 찾는다

요즘 모두가 다 힘든 때입니다. 그러나 고통스러운 겨울을 이기고 봄을 활짝 꽃피우는 들풀들은 희망을 노래하고 있습니다. 생명이 꿈틀대기 시작한 들녘에는 역경과 고난의 때에도 희망은 우리 안에 있고, 그 희망을 현실로 만들어갈 지혜와 힘도 우리에게 있다고 이야기하고 있습니다.

우리 곁에 있는 자연은 하나님이 우리에게 주신 가장 귀한 선물입니다. 자연은 때로 우리에게 위로를 전하는 좋은 친구요, 삶의 지혜를 가르쳐주는 훌륭한 스승입니다. 그러나 삭막한 도시 속에 살아가는 우리는 자연에서 길을 묻고 삶을 배우는 방법을 잊어버렸습니다.

우리는 흔히 잡초를 보잘것없고 쓸모없는 풀이라 생각합니다. 잡초를 제거하기 위한 제초제까지 개발된 것은 잡초에 대한 우리의 적대감이 얼마나 큰지 잘 보여주는 증거라 하겠지요. 그러나 이 모든 것은 잡초에 대한 우리의 잘못된 편견에서 비롯됩니다.

쇠비름, 명아주, 까마중과 같은 잡초들은 거칠고 메마른 땅을 부드럽게 하여 농작물들의 뿌리가 깊은 곳에서 영양분을 흡수하게 해주고, 표토에 결핍된 광물질을 토양 하부로부터 상층부로 옮겨 농작물들이 쉽게 이용하도록 도와줍니다. 잡초는 토양을 섬유화시켜 비옥하게 만들고, 토양의 유실을 막아 환경을 지켜주는 훌륭한 친구들입니다.

"잡초는 쓸모없다"라는 생각이 우리의 무지와 편견에 불과함을 깨닫는 순간, 스스로를 하잘 것 없는 잡초라 여기는 우리들은 '자신 안에 감춰진 새로운 면'을 발견케 될 것입니다.

저마다의 빛깔로 생기 넘치는 삶을 살아가는 잡초와 들꽃들이 우리 눈에 보이기 시작하면, 그들이 우리 귀에 들려주는 이야기도 함께 들려올 것입니다. 이제 자연과 내가 친구가 되는 행복의 첫걸음을 내딛게 된 것이지요. 길가에 피어나는 잡초들은 특이한 장소, 특별한 시간만이 중요한 것이 아니라, 바로 우리 삶 가까이에 희망과 행복이, 그리고 하나님이 함께하고 있음을 들려주고 있습니다. 희망을 만들어가는 잡초들의 이야기를 함께 나누고 싶은 봄입니다.

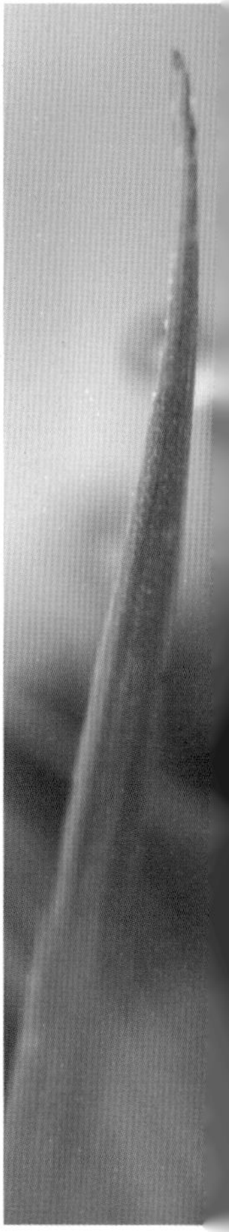

믿음과 사랑의
꽃씨를 뿌려보세요

봄이 오면 땅을 파고 꽃씨를 뿌려봅니다. 꽃씨를 심을 때 흙을 만지는 즐거움만 찾아오는 것이 아닙니다. 꽃씨를 심을 때 우리 마음은 희망으로 부풀어 오르고, 지금은 비록 작은 씨앗에 불과하지만 언젠가 예쁜 꽃을 피우리라는 기다림의 행복을 얻게 됩니다.

씨앗을 심고 나면 새싹이 언제 나올지 자주 쳐다보게 됩니다. 아무것도 없던 메마른 땅을 뚫고 푸른 싹이 고개를 내밀 때 경이의 탄성으로 가득한 첫 만남, 하루가 다르게 자라가는 새싹들의 변화를 관찰하는 즐거움, "내가 심었다"라는 책임감에 자주 물을 주며 더욱 관심을 갖게 되는 가슴 뿌듯한 행복함. 누군가를 기다리고, 무언가에 관심을 갖고 책임감을 느끼는 것이 바로 이 세상을 살아가는 진정한 즐거움이 아닐까요? 고대하던 화려한 꽃을 피웠을 때만 아니라, 우리는 이미 그 과정 속에서 행복을 얻는 것입니다.

올봄엔 우리 마음 밭에도 꽃씨를 뿌려보면 어떨까요? 세상에 다양한 꽃들이 존재하듯, 우리 마음 밭에도 사랑의 씨앗, 평화의 씨앗, 믿음의 씨앗, 희망의 씨앗을 뿌릴 수 있습니다.

작은 씨앗에서 싹이 나고 꽃이 피기까지는 오랜 시간이 흘러야 하듯, 우리에게도 시간이 필요합니다. 그러나 우리는 너무 조급합니다. 하루 이틀, 한 번 두 번 해보고는 "나는 안 된다"라며 그냥 자기 성질대로 살겠다고 말합니다. 나 자신에게 기다려줄 줄 아는 배려가 필요합니다. "나는 안 돼"가 아니라, 기다리며 참고 노력하다 보면 어느 날 내 목소리에서, 얼굴에서, 발걸음에서 예수님의 향기가 풍기는 것을 보게 될 것입니다.

평생 사랑과 희망의 꽃을 피우지 못하는 사람들도 있습니다. 사랑 대신 미움과 절망의 씨앗만 심었기 때문입니다. 마당에 심을 꽃씨를 선택하듯, 내 안에 피우는 꽃 또한 내가 선택하는 것입니다. "사람은 자신의 생각대로 만들어진다"라는 말이 있듯이, 지금 내가 '보는 것'과 내가 '생각하는 것'이 바로 내 마음에 뿌리는 씨앗들입니다.

식물의 씨앗은 뿌리는 시기가 따로 있지만, 마음의 씨앗들은 시간과 장소에 구애받지 않습니다. 놀랍게도 마음의 씨앗들은 너무 빠른 때도 없고, 이미 늦은 때도 없습니다. 바로 '지금 이 순간'이 예수님을 향한 믿음과 사랑의 씨앗을 심기 가장 좋은 시간입니다.

우리 마음은 하나님과 같이 거니는 에덴동산입니다

겨울잠에서 깨어난 산과 들에 푸르름이 퍼지기 시작하면 농부들의 손길이 분주해집니다. 논과 밭을 갈고 씨앗을 뿌리며 한해의 농사를 시작해야 하기 때문입니다. 농부들은 자신이 수확하길 원하는 곡식의 씨앗을 밭에 심습니다. 밭에 뿌려진 씨앗은 때가 되면 꽃을 피우고 열 배 백 배의 열매를 맺어주지요.

젊은 일손이 농촌을 떠나는 요즘, 여기저기 농사를 짓지 않는 묵은 밭들이 자주 눈에 띕니다. 그러나 농사짓지 않은 밭이라 해서 그저 텅 비어 있지 않습니다. 탐스러운 곡식 대신에 잡초로 가득합니다.

사람의 마음은 밭과 같습니다. 마음 밭은 내가 무엇을 심었는가에 따라 달라집니다. 지혜로운 농부가 되어 내 마음 밭을 아름답고 쓸모 있게 가꿀 수도 있고, 때로는 잡초만 우거진 거친 들판처럼 버려둘 수도 있습니다.

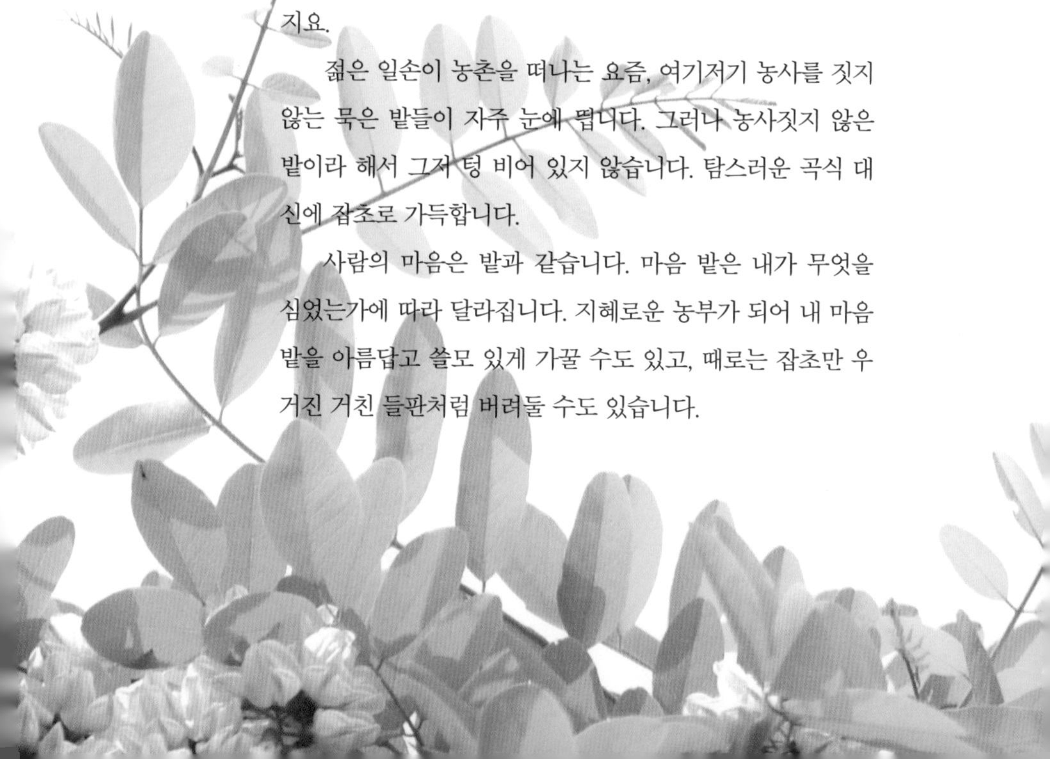

오늘 내 삶 가운데 아름다운 꽃과 탐스러운 열매를 거두길 원한다면 좋은 씨앗을 뿌려야 합니다. 마음 밭에 뿌려지는 씨앗은 매일 매 순간 우리 마음을 드나드는 우리의 생각들입니다. 주 안에서 사랑과 온유, 나눔과 용서 같은 좋은 생각의 씨앗들은 하나님이 기뻐하시는 아름다운 열매를 맺고, 탐욕과 다툼, 나태와 미움 등의 욕망의 씨앗은 스스로를 파멸케 하는 열매를 거두게 됩니다.

마음 밭에 생각의 씨앗을 심는 농부는 그 누구도 아닌 바로 나 자신입니다. 만일 내가 좋은 씨앗을 심는 수고를 하지 않는다면, 내 마음은 쓸모없는 잡초로 가득한 허망한 삶이 되고 말 것입니다. 선한 열매를 거두는 지혜로운 농부가 되기 위해서는 순간마다 찾아오는 거짓된 욕망들을 다스리고, 거룩한 열망을 품어야 합니다.

우리의 마음은 선한 열매를 가꾸는 밭일 뿐만 아니라, 하나님을 만나는 거룩한 성전입니다. 하나님은 우리 마음 안에서 우리를 만나주시고, 마음 안에서 우리를 날마다 새로 태어나게 하십니다. 우리의 마음이 아름다운 꽃으로 가득할 때, 바로 우리 마음은 하나님이 거니시는 에덴동산이 됩니다.

남과 다를 수 있다는 행복

여전히 추운 날씨가 지속되고 있습니다. 그러나 창을 통해 따사한 햇살이 들어오는 저희 집 거실엔 노랑, 자주, 분홍, 흰색 등의 서양란들이 저마다의 빛깔과 모양을 뽐내며 하하 호호 조잘거리는 소리가 끊이지 않습니다.

꽃을 바라보다 난생처음 배를 잡고 땅을 구르며 웃었습니다. 도저히 웃음을 멈출 수 없었습니다. 제게 이토록 큰 기쁨을 준 것은 크고 화려한 꽃이 아닙니다. 꽃을 피우리라고는 전혀 기대도 하지 못한 아주 작고 여린 녀석이었습니다.

지난해 뿌리가 썩어가던 연약한 난 한 포기가 마지막 꽃을 피웠습니다. 꽃이 진 꽃대 끝에 작은 잎사귀와 뿌리가 나오며 연약한 새 생명을 만드는 기묘한 일이 벌어졌습니다. 그런데 시간이 한참 흐른 어느 날 이 연약한 새순에서 또 다른 작은 꽃대를 주-욱 내밀어 한 송이 꽃망울을 만든 것입니다. 자기의 생명을 유지하기도 힘들 텐데, 꽃을 피워 올린 기묘함 앞에 난생처음 땅을 구르며 온 집안이 떠나가라 웃을 수밖에 없었던 것입니다.

그 누구보다 작은 몸에서 아름다운 빛깔의 꽃을 피워낸 경이로움이 다른 어떤 꽃들보다 더 귀한 깨달음을 제게 들려주었습니다. 우리는 늘 남들과 비교하며 살아갑니다. 좋은 부모 덕에 쉽게 출세하고 잘 나가는 사람들을 바라보며 우리는 자신이 가지지 못한 것 때문에 '나는 왜?' 하며 우울해하지요.

크고 화려한 꽃을 수십 송이씩 달고 있는 친구들 사이에서 작은 꽃 한 송이를 피워 올린 친구는 남들과 자신을 비교하지 않았습니다. 내가 남과 다를 수 있다는 사실을 인정했고, 자신만의 꽃을 최선을 다해 피워 올린 것입니다.

예수님은 내게 왜 다섯 달란트를 남기지 못했냐고 꾸짖지 않으십니다. 최선을 다해 한 달란트를 만든 저를 보며 예수님은 다섯 달란트를 남긴 것보다 더 기뻐 춤을 추며 자랑스러워하십니다. 나를 사랑한다는 것은 남들과 비교하기를 멈추고 나만의 꽃을 피우는 것입니다. 그 누구를 닮기 위한 삶이 아니라, 예수님과 함께 세상에서 유일한 나만의 꽃을 만들어가는 것입니다. 이게 바로 내가 이 세상을 사는 이유입니다.

양란洋蘭을 통해 배우는 기다림의 은혜

아침 햇살을 가득 안은 양란이 환한 미소로 저를 기쁘게 해줍니다. 이 꽃을 바라볼 때면 내 영혼 깊은 곳으로부터 주체할 수 없는 즐거움과 평화가 가득 피어오릅니다. 너무 좋아 소리를 지르고 춤이라도 추고픈 심정이지요.

이제 막 꽃망울을 터트렸으니 앞으로 최소 3개월 동안 저 멋진 미소를 볼 수 있다는 사실만으로도 행복합니다. 권력의 무상함을 빗대어 화무십일홍(花無十日紅)이라는 옛말이 있기도 하지만, 시간이 멈춘 듯 시들 줄 모르는 양란 앞에선 이 격언도 무색해집니다.

아무리 예쁜 꽃이라 할지라도 며칠 지나면 색이 바래며 시들기 마련입니다. 그러나 양란은 어제나 오늘이나 그 모습 그대로입니다. 한번 피워 올린 꽃망울을 좀처럼 떨어트리지 않습니다. 양란이 이토록 오랜 시간 그 아름다움을 유지할 수 있는 비결이 무엇일까요?

양란은 꽃이 피어 있는 기간보다 더 오랜 시간 동안 꽃을 피우기 위한 준비를 합니다. 얼른 꽃을 피우고 싶은 마음이야 우리보다 양란 자신이 더하겠지요. 그러나 양란은 기다리고 또 기다리며 준비합니다. 안으로 더 굳고 단단한 내실을 다지며 자신이 꽃피워야 할 그 날까지 참으로 오랜 시간을 기다립니다. 드디어 꽃망울이 열리는 그 시간, 이제부터 세상은 100일 동안 양란이 차지합니다.

양란을 키우며 조급증에 걸린 내 영혼을 치유합니다. 양란은 조급한 내 시간표가 아니라, 기다림 가운데 하나님의 시간표에 머물라고 일러줍니다. 조용히 다가와 응답하시는 하나님의 손길을 기다리지 못하고 기도 응답이 없다고 투덜대던 내 모습을 돌아봅니다. 그날을 위해 오늘도 하나님의 손길 속에 머물며 조금씩 더 견고하게 준비해가는 양란 꽃이 되라고 말해줍니다.

"하나님 앞에 조용히 머무르며, 그분께서 내 안에
아름다운 꽃을 피우시길 기다리는 깨어남의 계절,
지금은 봄입니다."

우리의 자랑은 십자가뿐!

창밖의 모과나무가 연분홍 빛깔의 고운 꽃을 피웠습니다. 마치 "예쁜 나를 봐주세요!"라고 자랑하며 서 있는 듯합니다. 마당엔 모과뿐만 아니라 후박나무, 팬지, 철쭉 등 이런저런 꽃들이 저마다의 빛깔과 향으로 자신의 아름다운 자태를 뽐내고 있습니다. 꽃과 같이 우리의 하루하루도 무언가 자랑거리를 찾고 만들어가는 고된 과정이라 할 수 있겠지요.

사람들은 자신의 소유와 지위와 인기를 자랑합니다. 그러나 오늘 사도 바울은 "내게는 우리 주 예수 그리스도의 십자가 외에 결코 자랑할 것이 없다"(갈라디아서 6:14)라고 오직 십자가만 그의 자랑이라 고백하고 있습니다.

바울이 그토록 자랑스럽게 여긴 십자가가 우리에게 어떤 의미가 있을까요? 요즘 십자가는 그저 교회의 장식품의 하나로 전락하고 말았습니다. 십자가를 바라보지만 우리 마음에 아무런 감동도, 기쁨과 감사의 마음도 일지 않습니다. 그러나 십자가는 교회를 상징하는 단순한 장식품이 아닙니다. 십자가는 나를 하나님 앞에 세우는 유일한

길이요, 내가 하나님의 기쁨이 되었다는 하늘의 선포입니다. 십자가는 나를 사랑하는 하나님의 사랑의 외침입니다.

많은 그리스도인들이 하나님 앞에 늘 잘해야 한다는 무거운 굴레를 지고 있습니다. 그러나 십자가는 내가 하나님 앞에 더 잘해야 한다는 굴레에서 벗어나게 해줍니다. 십자가는 나를 있는 모습 그대로 받아들여 주시는 하나님 사랑의 소식이기 때문입니다. 하나님은 예수님의 십자가 안에서 나의 아픔을 같이하고 나의 연약함을 담당하시는 이해자요, 공감자가 되십니다.

십자가는 내게 매일 매 순간 필요합니다. 십자가는 하나님의 심판과 용서와 은혜를 매일 새롭게 받아들이는 곳이기 때문입니다. 나의 가치는 예수 그리스도의 십자가에 있습니다. 십자가는 내게 필요한 모든 것입니다. 십자가는 오늘 나의 승리의 길입니다. 십자가는 나를 치유하고 나를 온전케 하는 곳입니다.

오늘도 십자가만이 나의 자랑이 되는 하루가 되길 기도합니다.

말씀을 잉태하는 행복한 설렘

푸름이 돋기 시작하는 봄 숲은 산새들의 맑은 노랫소리로 가득해집니다. 짝을 찾기 위한 노래이기에 가장 청아한 가락을 만들어냅니다. 그래서 봄 숲은 일 년 중 가장 아름다운 노래가 흐르는 행복한 공간이 됩니다.

봄 숲을 거닐며 주변을 조심히 살핀다면 산새들의 둥지와 그 안에 새로운 세상을 기다리는 동글동글한 산새 알을 만날 수 있습니다. 숲에서 야생의 산새 둥지를 만나는 것은 언제나 흥분되는 일입니다. 더욱이 알에서 깨어나 새끼들이 자라는 과정을 지켜볼 수 있다면 이보다 더 황홀하고 행복한 일도 없을 것입니다.

봄은 푸른 새싹이 움 돋는 새로운 시작의 시간입니다. 봄은 꽃들이 저마다 예쁜 얼굴을 내미는 아름다운 계절입니다. 또한 봄은 박새, 노랑턱멧새, 흰눈썹황금새 등 수많은 아기 새들이 태어나는 생명의 시간입니다.

푸른 싹이 돋아나고 예쁜 꽃이 피어나는 이 봄에 메마른 내 영혼도 활짝 꽃피어야 할 것입니다. 산새마다 귀여운 알을 품듯, 내 영혼도 하나님의 생명을 품고 새로워져야 할 것입니다.

하늘로부터 쏟아지는 햇살 아래 머무르며 하나님의 말씀을 품어봅니다. 햇살이 따스하게 나를 어루만지듯, 영혼 깊은 곳에서 나의 슬픔과 아픔을 어루만지시는 주님의 부드러운 손길을 느낄 수 있습니다. 어미 새가 알을 품듯, 내 영혼 가득 주님의 말씀을 품다 보면 어느 순간 주님의 말씀은 기쁨과 소망으로 피어납니다. 말씀이 정말 생명의 씨앗임을 체험하는 순간이지요.

기대와 설렘, 사랑과 헌신으로 어미 새가 알을 품듯, 오늘도 행복한 설렘으로 주님의 한 말씀을 품어봅니다. 아, 말씀을 잉태하는 이 기쁨이여….

"작은 들꽃들의 예쁜 표정들을 보기 위해 돋보기가 필요하듯,
우리 삶에 깃든 행복을 보기 위해서는 관심과 이해와 사랑의 돋보기가 필요합니다."

꽃과 나비처럼 하나인
하나님과 나

빨강, 노랑, 분홍…. 형형색색의 꽃을 바라보면 우리네 마음은 절로 즐거워집니다. 제각기 다른 크기와 모양뿐만 아니라 저마다의 빛깔과 향기는 하나님의 오묘함과 신비로움을 느끼게 합니다. 하나님은 오늘도 나를 나만의 빛깔로 빚으시는 따스한 손길입니다. 하나님은 내 안을 향한 나만의 향기로 가득 채우시는 참 좋은 사랑입니다.

꽃이 피면 찾아오는 친구가 있습니다. 팔랑이는 부드러운 날갯짓으로 하늘을 오가는 나비입니다. 꽃은 나비를 거부하지 않습니다. 꽃은 나비에게 맛난 꿀을 건네주고, 나비는 다리 없는 꽃을 대신하여 꽃가루를 멀리 옮겨줍니다. 꽃은 나비에게, 나비는 꽃에게 서로 도움을 주고받는 막역한 친구 사이입니다.

사랑을 주고받는 다정한 연인처럼, 꽃잎 위에 앉아 있는 고운 빛깔 나비가 있기에 더욱 멋진 그림이 됩니다. 꽃과 나비는 더 이상 둘이 아니라 하나입니다. 하나님이 오늘도 나를 사랑으로 인도하는 내 아버지라면 나는 하나님 안에 있습니다. 그리고 하나님 또한 내 안에 계십니다. 하나님과 나는 더 이상 둘이 아니라 하나입니다. 꽃과 나비가 하나이듯, 하나님은 내 숨결이요, 내 발걸음입니다.

심리학자인 에리히 프롬은 사랑은 서로 간에 일치를 지향한다고 강조했습니다. 사랑이신 하나님과의 일치는 꿈이 아니라 매일매일 내 삶에 현실입니다. 내 안에 하나님의 충만한 현존을 깨닫는 것, 바로 이것이 참 기도입니다.

향기나는
주의 제자를 꿈꾸며

발걸음이 머무는 곳마다 빨강, 노랑, 보라, 분홍 등 저마다의 빛깔과 모양으로 예쁘게 피어 있는 꽃들이 우리 눈과 마음을 즐겁게 해줍니다. 저토록 곱고 예쁜 색깔들이 어디에 숨어 있었을까요? 아무리 뒤져봐도 물감 창고는 보이지 않는데, 녹색의 잎사귀들 사이로 고운 빛깔의 꽃들이 빚어지는 모습을 바라보노라면 하나님 창조의 신비가 경이로울 뿐입니다.

꽃이 아름다운 색깔로 치장을 하는 것은 멀리 있는 벌과 나비에게 자신의 존재를 알리고 그들을 초대하기 위함입니다. 꽃에는 알록달록한 색만 있는 것은 아닙니다. 부드러운 향기 또한 일품입니다.

벌과 나비를 초대하는 데 '색'과 '향' 중에 어떤 것이 더 유리할까요? 당연히 향기입니다. 꽃의 색은 시각적인 제한 거리가 있지만, 향기는 눈에 보이지 않아도 산 넘고 물을 건너 멀리까지 날아가 귀한 손님들을 초대하는 능력이 있기 때문이지요.

꽃에게 향기는 색보다 더 소중한 역할을 합니다. 그러나 이 세상은 소유와 성공과 인기와 같은 색만을 추구하는 세상입니다. 세상이 색에 취한 오늘, 과연 교회는 어떤 모습일까요? 사도 바울은 우리를 "그리스도의 향기"(고린도후서 2:15)라고 이야기했지만, 우리 역시 세상과 똑같이 소유와 성공만을 향해 달려가는 색에 취해 있다 말하여도 지나치진 않을 것입니다.

오늘 나의 하루는 색과 향, 어느 쪽에 치우쳤는지 한번 돌아봅니다. 오직 소유만을 위해 달려간 색에 취한 하루였는지, 아니면 아무리 바쁘고 각박한 세상이지만 주님 앞에 머물며 내 영혼을 돌아보고 주위에 사랑을 나눈 향기로운 삶이었는지 말입니다.

꽃의 향기는 어느 날 갑자기 생긴 것은 아닙니다. 거친 비바람을 참고 인내하며 마침내 꽃을 피웠을 때, 그 안에 감춰졌던 달콤한 향이 세상을 매혹시키는 것입니다. 오늘 우리의 삶이 아무리 바쁘고 힘들어도 조금만 돌아보면 이웃에 기쁨을 건네줄 향기를 만들 수 있을 것입니다.

오늘 우리 교회가 외적 크기와 모양의 색만을 뽐내는 것이 아니라 세상의 생명을 새롭게 하는 그리스도의 향기가 되는 그날을 꿈꾸어봅니다.

내 영혼에 꽃을 피우시는 사랑의 하나님

"어디에 숨어 있었던 것일까?"

길고 긴 겨울 동안 죽은 것만 같았던 메마른 나뭇가지에 파릇파릇 새싹이 움터 오르기 시작하면, 내 마음은 어린아이와 같은 호기심으로 가득해집니다. 저기 숲 어딘가에 분장사가 숨어 있는 것일까요. 회색빛 숲이 연둣빛 물감을 풀어놓은 듯 초록으로 피어나기 시작하면 내 영혼에도 봄이 찾아옵니다.

파란 생명들이 꼼틀꼼틀 깨어나는 5월이 되면 저는 바람이 납니다. 1년에 단 한 번 찾아오는 생명의 깨어남을 어두운 방에서 맞이할 수 없어 산과 들을 오르내리는 열병을 앓는 것이지요. 고요한 침묵 속에 푸르름이 기지개를 펴는 이 놀라운 순간을 함께하지 못한다면, 가장 소중한 것을 잃어버린 허전함 속에 일 년을 보내야 할 것만 같아 생명이 약동하는 숲으로 봄맞이 여행을 나서는 것입니다. 5월의 신록은 내 가슴을 알 수 없는 흥분과 감동으로 콩닥거리게 합니다. 메마른 나무에 푸른 새싹을 피워 올리는 잔인한(?) 생명의 힘이 내게도 밀려들어 오기 때문입니다.

5월의 숲엔 나뭇가지 높은 곳에 앉아 "쪼롱쪼롱 쪼-로롱" 하며 짝을 부르는 산새들의 청아한 노랫소리가 봄바람을 타고 가득 흘러 퍼집니다. 어찌 보면 산새들의 흥겨운 노랫소리가 깊은 겨울잠에 빠져 있던 나무들을 깨우는 것 같아 보입니다.

얼어 있던 대지를 흔들어 깨우고, 메마른 나뭇가지에 푸른 싹과 아름다운 꽃을 피워내는 것은 따스한 손길을 지닌 태양입니다. 오늘도 나는 햇살 바른 숲 언덕에 앉아 조용히 하나님의 손길을 느껴봅니다. 내 어둔 영혼에 빛을 비추고 새 생명으로 거듭나게 하시는 주님의 따스한 손길이 나를 행복하게 해줍니다. 무엇보다 주님이 주신 말씀의 숲길을 거닐다 보면 내 안에 기쁨과 희망, 사랑과 평화의 꽃이 가득 피어남을 느끼게 됩니다. 하나님 앞에 조용히 머무르며, 그분이 내 안에 아름다운 꽃을 피우시길 기다리는 깨어남의 계절, 지금은 봄입니다.

오늘 내게 필요한 전부는 믿음입니다

우리의 눈길이 머무는 곳마다 예쁜 꽃들이 환한 미소를 짓습니다. 알록달록 저마다 다른 모양과 빛깔과 향기로 우리를 행복으로 이끌어줍니다. 하나님은 우리 삶이 기쁨의 꽃으로 가득 채워지기를 바라십니다. 내 안에 향기로운 꽃을 피우는 최고의 비결이 있습니다. 매일의 순간순간을 믿음의 발로 달려가는 것입니다.

성경은 약속의 책입니다. 오늘 나를 향한 하나님의 약속은 결코 부족하지 않습니다. 하나님의 약속을 내 것으로 하는 믿음이 부족할 뿐입니다. 믿음은 하나님의 놀라운 약속들을 매일의 내 삶 속에 현실로 바꾸는 마법의 열쇠입니다.

예수님은 병자들을 치유하신 후에 "네 믿음이 너를 구원하였다"라고 말씀했습니다. 믿음이란 하나님의 능력이 내 안으로 들어오게 하는 통로입니다. 믿음은 친구 되신 예수님과 더불어 매일의 삶을 승리로 이끄는 참 능력입니다.

믿음은 하나님의 놀라운 선물입니다. 나는 믿음으로 하나님과의 새로운 생명의 관계를 시작했습니다. 나는 믿음으로 매일 내 삶 속에 함께하시는 하나님을 발견합니다. 나는 믿음으로써 볼 수 없고 들을 수 없는 신비의 세계로 여행을 합니다.

믿음은 나약한 순응을 의미하지 않습니다. 믿음의 행위는 맹신이 아니라 인격적 헌신의 고백입니다. 내 삶에 다가오는 불합리하고 이해되지 않는 사건 앞에 "예"라고 대답할 수 있는 인격적 결단입니다. 믿음은 내게 닥쳐오는 시련 너머에 감춰진 하나님의 또 다른 계획을 기쁜 마음으로 기대합니다. 나는 믿음으로 매일 내 삶에 다가오는 두려움을 극복하며, 믿음으로 나의 한계와 연약함을 뛰어넘게 됩니다.

'믿음'의 또 다른 말은 세상을 향해 달려나갈 수 있는 '용기'입니다. '믿음'의 또 다른 말은 결코 어떤 일에도 절망하지 않는 '기쁨'입니다. 믿음은 내 눈을 세상을 뛰어넘어 하늘 높이 들도록 이끌어줍니다. 하나님은 내가 이 땅의 천막이 아니라 하늘의 천막을 향해 나아가는 인간이 되길 원하시기 때문입니다. 오늘 당신에게 필요한 전부는 하나님을 향한 '믿음'입니다.

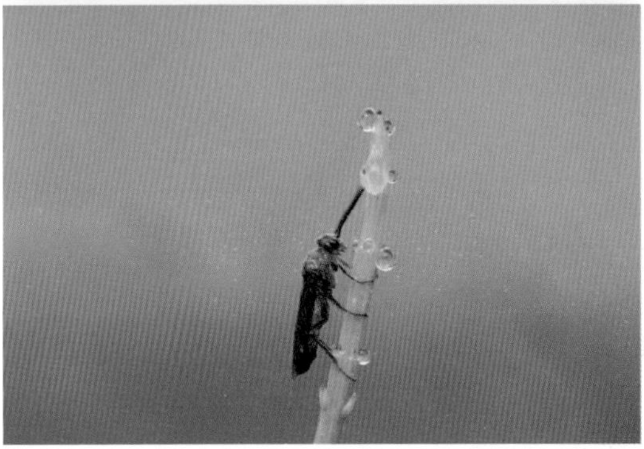

"배는 바다 한가운데 있어야 합니다.
파도 없는 잔잔한 항구에 피신하기 위해 배를 만들지는 않습니다.
배는 오직 바다를 가르며 앞으로 나아갈 때
본래 자신이 만들어진 목적을 다하는 것입니다."

여름

가슴에 별을 품은 나팔꽃처럼

"예수님을 품은 작은 예수,
또 하나의 예수가 되기를 갈망해야 합니다."

복사품 인생과 진품 인생

요즘 컴퓨터 프린터는 대부분 팩스와 복사기 기능을 겸한 복합용으로 만들어져 편리함을 더합니다. 덕분에 집에서도 필요한 문서를 쉽게 복사할 수 있습니다. 그래서 활자 인쇄가 발명되기 오래전 손으로 성경을 필사하던 시절의 이야기는 우리에겐 마치 공상소설과 같이 느껴집니다.

종이 복사만 쉬워진 게 아닙니다. 디지털 카메라가 필수품이 되어버린 요즘, 필요한 사진을 복사하는 일도 너무 단순해졌습니다. 복사된 파일은 원본과 차이가 전혀 없습니다. 참으로 편한 세상입니다. 그러나 이처럼 복사하기 쉬운 세상에 살다보니 우리 삶 또한 누군가의 복사품이 아닌지 돌아보게 됩니다.

비가 그친 채송화 밭은 여기저기 빗방울 보석들로 가득합니다. 투명한 빗방울 속엔 마치 축소 복사해놓은 듯 주변의 채송화 꽃이 자리합니다. 그러나 빗방울 안에 비친 모습이 아무리 예쁠지라도 잠시 뒤면 사라질 허상일 뿐입니다.

하나님은 다윗에게 아브라함처럼 되라고도, 요한에게 모세처럼 되라고도 하지 않으셨습니다. 하나님의 사람들은 각자의 삶의 현장에서 자기만의 색깔과 자기만의 향기로 하나님의 영광을 노래했습니다. 성경에 나오는 인물들은 다른 누구의 복사품이 아닙니다. 모두가 원본이요, 진품 인생을 산 것이지요.

하나님은 내게서 모세나 바울이나 다윗을 원하지 않으십니다. 하나님은 내게서 누군가를 닮은 복사품이 아니라, 오직 나만을 원할 뿐입니다. 나를 이 땅에 내려보낼 때, 하나님은 영원 전에 이미 나만을 위한 길을 예비해놓으셨기 때문입니다.

혹시 나의 꿈을 잃어버리고 다른 어떤 것이 더 좋아 보인다고 남의 길을 가고 있지는 않나요? 나를 잃고 너를 찾는 우리들에게 하나님은 이 드넓은 우주에서 오직 나만의 노래를 부르라고 하십니다.

예수님을 품은
작은 예수가 되기를

생김새가 나팔 모양을 닮았다 하여 붙여진 이름, 나팔꽃입니다. 나팔꽃을 바라보노라면 정말 우렁찬 나팔 소리가 흘러나올 것만 같습니다. 우리의 발걸음이 머무는 자리면 으레 만나게 되는 흔하고 익숙한 꽃입니다.

어느 날 나팔꽃에서 특이한 점을 보게 되었습니다. 나팔꽃잎은 분명 통꽃인데 마치 갈래꽃처럼 보이는 것입니다. 꽃잎에 새겨진 꽃무늬가 마치 별을 닮아 보였기 때문이었습니다. 나팔꽃에서 별을 발견한 이후 다른 나팔꽃들도 유심히 살펴보았습니다. 놀랍게도 남색 나팔꽃만이 아니라, 자줏빛 나팔꽃도, 보랏빛 나팔꽃도, 연분홍빛 나팔꽃도…. 모든 나팔꽃들은 크기와 색깔의 차이에도 불구하고 하나같이 별을 품고 있었습니다.

나팔꽃이 자신의 품에 별을 품은 이유를 곰곰이 생각해보았습니다. 아-하! 살포시 제 영혼 깊은 곳에 별을 품은 나팔꽃 이야기가 들려왔습니다. 새벽하늘에 반짝이는 별을 보고 꽃을 피운 나팔꽃입니다. 그런데 잠시 뒤 해님이 등장하자 더 이상 별님을 볼 수가 없게 되었습니다. 별님을 향한 그리움이 못내 사무쳐 마침내 별을 자신의 꽃잎에 품게 된 것입니다.

옛말에 "누군가를 사모하는 마음이 크면 클수록 그가 내 안에 차지하는 자리가 크다"라고 했습니다. 우리는 "예수님 사-랑해요!"라고 고백도 하고 찬양을 부르기도 합니다. 과연 우리는 얼마나 예수님을 사랑하고 있을까요? 나팔꽃이 별을 사모하여 자신의 가슴에 별을 품었듯이, 나도 내 안에 예수님을 품을 만큼 그분을 갈망하고 있을까요? 예수님이 아니고서는 만족할 수 없는 갈증을 느끼고 있을까요?

우리는 예수님을 품은 작은 예수, 또 하나의 예수가 되기를 갈망해야 합니다. 내 안에 예수님이 가득해지는 그날, 내 발걸음과 내 목소리에 예수님의 고운 향기가 절로 흐를 것입니다.

꽃의 희생이 열매를 만듭니다

후-두둑 후-두둑…. 감꽃이 땅에 떨어집니다. 아직도 꽃잎이 싱싱하건만 미련 없이 나무를 떠납니다. 지난 겨울의 추위와 비바람을 이겨내며 힘들게 준비한 꽃입니다. 그러나 꽃은 자신의 아름다움이 조금 더 오래 지속되어야 한다고 고집하지 않습니다. 꽃향기는 바람에 실어 보내고, 꿀과 꽃가루는 벌과 나비에게 선물하고, 꽃을 피웠던 자리에는 열매라는 작은 자취를 남겨두고 홀연히 먼 길을 떠납니다.

만약 세상의 모든 꽃들이 내 아름다움을 사람들에게 좀더 보여주어야 한다며 떠나기를 거부한다면, 아직은 내가 떠날 때가 아니라고 고집한다면, 그 나무는 영원히 열매를 맺을 수 없을 것입니다. 그러나 꽃은 기꺼이 떠나기를 즐거워합니다.

우리는 꽃의 화려함을 좋아합니다. 그러나 꽃 안에 감춰진 '자기희생'이라는 더 큰 아름다움을 보지 못합니다. 꽃의 향기란 열매를 위해 자리를 비우는 겸손한 마음 때문에 하나님이 주신 선물이 아닐까요?

꽃이 그 자체가 목적이 아니듯, 열매도 그 자신을 고집하지 않습니다. 열매 또한 씨앗을 위해 준비된 하나의 과정입니다. 꽃과 열매의 희생을 통해 태어난 씨앗도 희생의 길을 따라갑니다. 새롭게 세상에 피어날 새싹을 위해, 새 꽃을 위해 자신의 모습을 기꺼이 포기합니다. 꽃과 열매와 씨앗 모두는 '내일의 너'를 위해 '오늘의 나'를 희생합니다. 오늘 네 안에 감춰진 어제의 나의 흔적으로 만족해합니다.

오래 전 하늘 보좌에서 낮은 곳으로 내려오신 분이 계셨습니다. 그분은 인간을 다스려야 한다고 말씀하지 않고 오히려 낮은 종의 모습으로 섬기는 삶을 사셨습니다. 그는 세상 사람들에게 구원의 씨앗이 되기 위해 기꺼이 십자가에 자신을 던지셨습니다. 그분의 희생의 씨앗이 오늘 내게 생명의 꽃으로 피어나고 있습니다.

예수님을 따라가는 길은 관념적 진리가 아닙니다. 오늘 내 삶과 행동 안에 피어나는 진리여야 합니다.

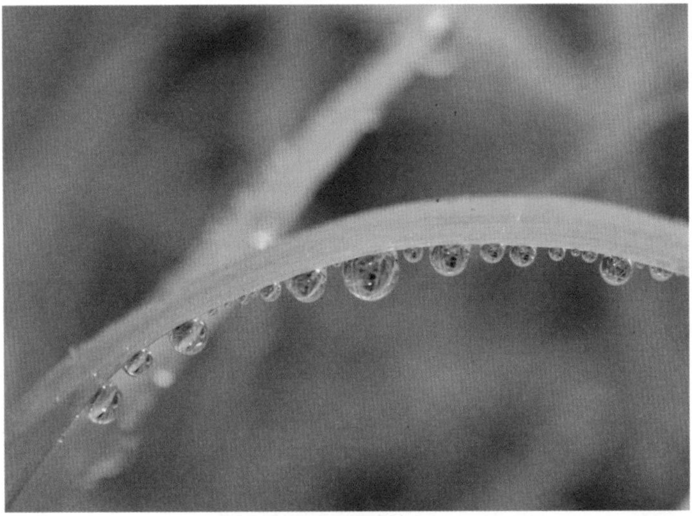

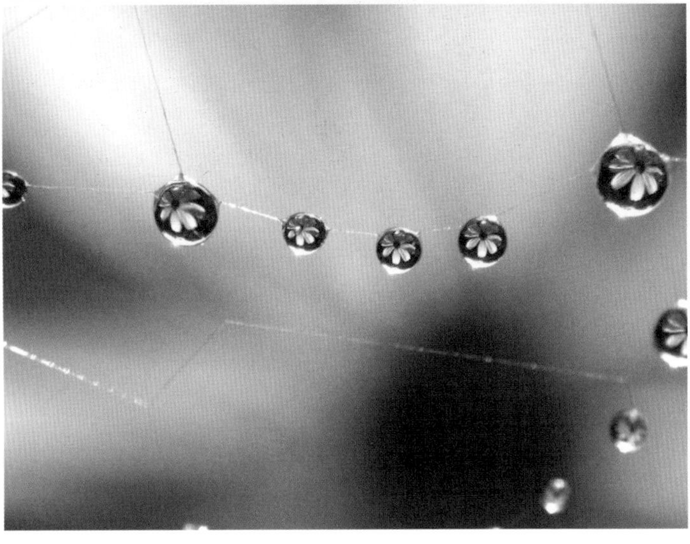

참 기도란 하나님의 현존에
우리를 열어놓는 일입니다

유난히 비가 자주 옵니다. 덕분에 빗방울이 만들어내는 아름다움을 만끽하고 있습니다. 나뭇가지나 풀 잎사귀에 대롱대롱 매달린 빗방울들은 진주 구슬로 예쁘게 장식해놓은 보석과 같습니다.

풀잎 끝에 매달린 작은 빗방울들을 가까이 들여다보신 적 있으신가요? 구슬보다 더 작은 빗방울 안에 하늘이 가득 담겨 있습니다. 빗방울 구슬 안에서 반짝이는 것은 하늘뿐만이 아닙니다. 산과 구름 그리고 주위에 가득 피어난 꽃들이 그 작디작은 구슬 안에 옹기종기 모여 앉아 즐겁게 노래하고 있습니다. 이렇게 다양한 빛깔과 모습을 지녔기에 세상 그 어떤 보석보다 아름다운 것이겠지요.

작은 빗방울 안에서 하늘과 산과 꽃이 방긋 웃는 모습을 볼 수 있는 맑은 영혼을 지닌 사람은, 오늘 우리를 둘러싼 모든 것들 속에 함께하시는 하나님을 만날 수 있습니다. 주위에 가득한 멋진 나무와 예쁜 꽃들을 비롯하여, 내가 만나는 모든 사람과 해결해야 될 모든 일들 속에서 언제나 나와 함께하시는 사랑의 하나님을 뵙게 되는 것입니다.

기도는 하나님께 올리는 청구서나 많은 말이 아닙니다. 참 기도란 맑은 영혼으로 하나님의 현존에 우리를 열어놓는 일입니다. 우리는 하나님을 뵙기를 소망합니다. 하나님이 우리 삶에 들어오셔서 승리의 힘이 되어달라 간절히 기도하곤 합니다. 그러나 하나님은 내가 있는 모든 순간, 모든 자리에 나와 함께하십니다. 다만 나와 늘 함께 하시는 하나님을 내가 몰라 뵙는 것뿐이지요.

기도란 바로 지금 내게 현존하시는 하나님을 인식하고, 그분 앞에 나를 온전히 열어놓는 것입니다. 하나님의 현존은 언제나 영원한 현재입니다. 하나님은 과거나 미래의 하나님이 아닙니다. 지금 내가 서 있는 바로 이 자리, 이 순간의 하나님입니다.

그러나 우리는 하나님을 원하지만 하나님이 보이지도 느껴지지도 않을 때가 더 많습니다. 그 이유는 하나님이 우리와 함께하시지 않음이 아니라, 우리가 하나님과 함께하지 않기 때문이지요. 아우구스티누스는 어느 날 "나는 줄곧 너와 함께 있었으나, 너는 나와 함께 있지 않았다"라는 하나님의 음성을 들었습니다.

빗방울 안에 반짝이는 세상을 보듯, 참 기도는 항상 그 자리에 계시는 하나님을 향해 눈을 뜨는 것이요, 그 앞에 지속적으로 머무르기 위해 노력하는 것입니다.

함께 나누면
다시 돌아옵니다

뜨거운 햇살을 피해 나무 그늘을 찾았습니다. 나무 밑에 들어서면 시원한 느낌이 듭니다. 파라솔과 나무 아래는 같은 그늘이지만, 왜 파라솔 그늘보다 나무 그늘이 더 시원한 것일까요? 뜨거운 여름에 사람들이 땀을 흘림으로써 체온을 조절하듯, 나무도 땀을 흘려야만 살 수 있는데, 나무가 잎사귀를 통해 흘리는 땀방울로 인해 기화 작용이 발생하여 나무 그늘 밑이 주변보다 시원한 것이지요.

하늘을 찌를 듯이 높이 솟아 있는 나무 아래 서면 왠지 숙연한 마음이 들곤 합니다. 사람이 물 없이 살 수 없듯이 나무들도 물을 필요로 하는데, 저 높디높은 꼭대기의 잎사귀까지 어떻게 물이 올라간 것일까요?

저-기 까마득한 높은 꼭대기까지 물이 오를 수 있는 것은 잎사귀에서 물이 증발되고 난 빈자리로 다시 물을 채우기 위해 끌어당기는 힘 때문입니다. 뿌리의 삼투압에 의해 물을 흡수하고, 잎의 증산 작용에 의해 그 높은 곳까지 물을 올려 끌어올리는 것이지요. "내보내기에 다시 빨아올릴 수 있다!" 참 신비한 진리입니다.

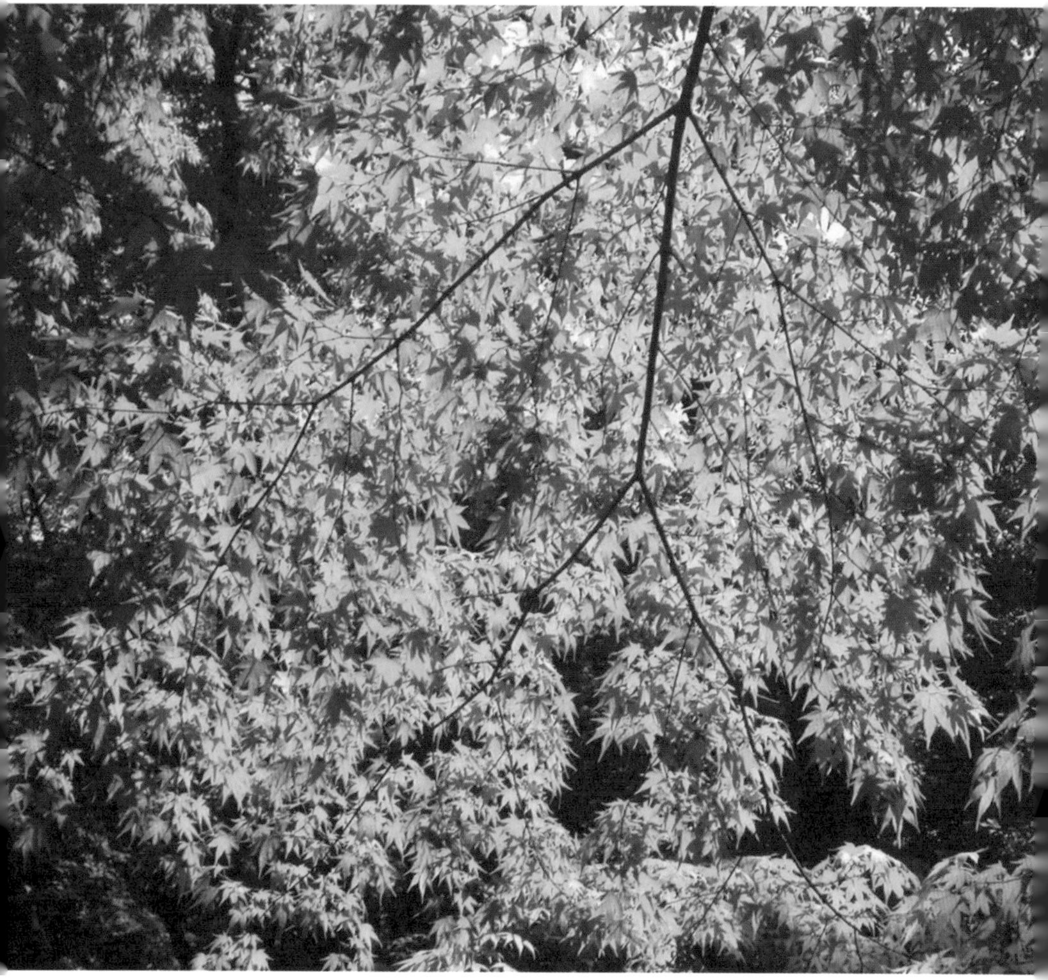

하늘 향해 팔을 벌리고 서 있는 나무는 "주는 자가 복되다"라는 사랑의 진리를 말하는 듯합니다. 만약 나무가 "내가 얼마나 힘들게 뿌리에서 빨아올린 물인데, 헛되이 공중으로 날려버릴 수 없다"라며 물을 밖으로 내보내지 않는다면, 그 나무는 이내 말라죽게 될 것입니다. 어둡고 깊은 땅 속에서 여린 솜털 같은 뿌리들이 바위와 자갈들을 헤치며 물을 찾아내고, 좁은 물관으로 낑낑대며 끌고 올라온 물이지만 아낌없이 잎을 통해 날려보낼 때, 맑고 신선한 물을 새롭게 공급받을 수 있기 때문이지요.

많은 이들이 사랑을 갈급해하면서도 참 사랑을 찾지 못하는 것은, 사랑이 '받는 것'이 아니라 '주는 것'이라는 사실을 잊고 살아가기 때문 아닐까요? 주는 이가 복되다는 것은 하늘의 진리입니다.

성 프란체스코는 "위로받기보다 위로하고, 이해받기보다 이해하고, 사랑받기보다 사랑하게 하소서"라고 평화의 기도를 드렸습니다. 우리도 나무처럼 함께 나누는 세상이 되면 좋겠습니다.

우리는
메뚜기가 아닙니다

녹음이 짙어지는 요즘, 풀밭을 오고가며 뛰노는 정겨운 녀석들을 만날 수 있습니다. 바로 여치, 베짱이 등의 메뚜기들이지요. 풀밭에 노닐던 여치 한 마리가 겁도 없이 카메라 앞에서 어슬렁거리네요. 우-와! 카메라 속의 나타난 여치의 기괴한 얼굴 모습에 한바탕 웃고 말았습니다.

메뚜기를 바라보다 가나안 땅을 정탐하고 돌아온 열두 명의 정탐꾼 이야기가 떠올랐습니다. 여호수아와 갈렙을 제외한 열 명의 정탐꾼들은 "우리는 스스로 보기에도 메뚜기 같으니 그들의 보기에도 그와 같았을 것이니라"(민수기 13:33)라며 가나안 성 거인들의 위세에 눌려 절망에 빠지게 되었습니다.

열 명의 정탐꾼은 가나안의 거인들과 자신을 비교하여 스스로를 메뚜기처럼 보잘것없고 하찮은 존재라 여겼습니다. 남과 비교하며 절망에 빠진 사람들은 이스라엘의 열 명의 정탐꾼만이 아닙니다. 우리도 매일 비교라는 전쟁 속에 살아갑니다. 오늘도 우리는 얼마나 많이 남들과 비교했을까요? 우리는 매일 두 개의 감정을 오간다는 말이 있습니다. 우월감과 열등감이라는 두 개의 감정 말이지요.

비교는 나 자신의 가치를 올바로 보지 못하게 합니다. 나의 가치는 남들과의 비교에서 발견되는 것이 아니라 하나님 안에 있습니다. 이스라엘 백성이 자신들이 하나님의 존귀한 자녀라는 사실을 잊어버리자, 그들은 메뚜기라는 아주 보잘것없는 존재로 추락하고 말았습니다.

열 명의 정탐꾼이 절망한 이유가 있습니다. 그들은 커다란 장수들을 보았지만 그 장수들 너머에 계신 하나님을 보지 못했기 때문이지요. 그 정탐꾼들이 문제는 제대로 보았지만, 보이는 그 사실이 전부는 아닙니다.

오늘 우리도 매일 새로운 문제를 만나게 됩니다. 인생은 한마디로 문제의 연속이니까요. 그러나 하나님은 내 삶의 문제를 주관하시는 그분을 의뢰하고 그분께 맡기라고 말씀합니다. 애굽에서 나오고, 홍해를 건넌 이스라엘의 승리는 이스라엘과 함께하신 하나님의 능력에 있었던 것처럼, 오늘 내 삶의 문제 해결 또한 하나님께 있습니다.

오늘을 승리하는 삶의 비결이 있습니다. 그것은 세상과 나를 비교하며 내가 누구인가를 판단할 것이 아니라, 나와 함께하시는 하나님이 누구신가를 기억하는 것입니다. 내가 누구인지, 내가 무엇을 했는지는 중요하지 않습니다. 오직 중요한 것은 하나님이 누구신지 기억하는 것뿐입니다. 그 하나님이 당신 삶에 승리를 선물하실 것입니다.

예수님과 동행하는
좋은 습관을 만들어가요

파란 하늘에 잠자리들이 평화로운 비행을 즐기고 있습니다. 언제나 여유롭게 하늘을 나는 잠자리는 마치 하늘의 평화를 이 땅에 전해주는 전령 같아 보입니다. 우리를 동심의 세계로 이끄는 잠자리를 바라보노라면 내 영혼 가득 평화가 밀려듭니다.

하늘에 꼼짝 않고 멈춰 있는 잠자리를 만났습니다. 신기한 모습에 가까이 다가가보니 거미줄에 걸려 죽은 잠자리였습니다. 실보다 더 가느다란 거미줄은 눈에 잘 띄지 않습니다. 그러나 가늘고 보잘것없다고 무시했다간 생명을 빼앗기게 됩니다.

우리를 사망으로 이끄는 다양한 거미줄들이 있습니다. 우리 각자에게는 흔히 "내 성격이야!"라고 가벼이 치부해버리는 서로 다른 버릇들이 있습니다. "한번쯤 어때?"로 시작되는 버릇은 거미줄처럼 처음에는 가볍고 대수롭지 않습니다. 그러나 시간이 흐르면서 가벼이 여기던 버릇이 습관이 되어 내 생각과 행동을 묶는 굵은 밧줄이 됩니다.

처음엔 나 스스로 습관을 만듭니다. 그러나 잠시 뒤엔 습관이 나를 만듭니다. 한번 접힌 종이가 자꾸 그쪽으로 자연스레 구겨지고, 한번 패인 좁은 곳으로 물이 계속 흐르다보면 언젠가 커다란 물길로 변하는 것과 같은 이치입니다.

지금의 나를 만든 버릇과 습관에는 어떤 것이 있었는지 돌아보았습니다. 내일의 멋진 나를 만들기 위해 오늘 내가 버려야 할 나쁜 습관과 내가 새롭게 만들어야 할 좋은 습관은 무엇일까요?

습관이란 내가 수없이 오고간 마음의 길입니다. 그 길이 바람직하지 않은 길이라면 과감히 새로운 길을 만들어야 합니다. 새 길은 처음엔 낯설고 불편합니다. 그러나 자주 오가다 보면 낯선 길도 점점 편안해집니다. 예수님과 동행하는 친구가 되기 위해 말씀을 사랑하고 기도 중에 그분을 호흡하는 좋은 습관을 더 깊이 만들어가야겠습니다.

지구를 살리는 희망의 또 다른 이름

오솔길을 따라 노란 빛깔의 미나리아제비꽃이 활짝 피어 있습니다. 산들바람 따라 하늘거리며 춤을 추는 미나리아제비꽃의 꽃잎은 기름을 발라놓은 듯 반짝입니다. 미나리아제비꽃에 등애 한 마리가 앉아 있는 것이 보였습니다. 그런데 꽃잎에 삐딱하게 앉아 있는 폼이 왠지 이상해보입니다.

이런! 가까이 다가가 살펴보니 등애는 거미에게 꼼짝없이 붙잡혀 죽어가는 중이었습니다. 거미는 미나리아제비꽃과 똑같이 노란색을 띠고 있어 자세히 들여다보아도 꽃과 거미가 잘 구분되질 않았습니다. 거미가 자신의 몸을 노랑꽃과 똑같은 보호색으로 정교하게 위장한 것입니다. 등애는 꿀을 얻어먹기 위해 꽃 위에 앉았다가 숨어 있는 거미를 보지 못하고 그만 황천행을 한 것입니다.

달콤한 꿀만을 생각하고 꽃에 다가왔다가 오히려

생명을 잃게 되는 것은 우리네 인생을 닮은 것 같습니다. 많은 사람들이 꽃의 화려함과 꿀의 단맛을 좇아갑니다. 권력과 명예, 돈과 섹스, 게임과 인터넷 중독 등 사람마다 추구하는 꿀맛은 제각각입니다. 그러나 단맛 뒤에는 언제나 우리네 삶을 파멸로 이끄는 함정이 숨어 있기 마련입니다. 늘 깨어 있지 않으면 호시탐탐 우리를 노리는 많은 독거미들에게 잡혀 먹히는 불안한 시대입니다.

오늘은 우리 모두에게 해를 끼치는 못된 거미 하나를 이야기하고 싶습니다. 바로 그 거미는 편리함과 풍요라는 단맛 뒤에 숨어 지구를 파멸로 이끄는 산업사회입니다.

하나님이 아름답게 창조하신 녹색별 지구가 겨우 이백 년이라는 짧은 산업화 시기 동안 오염되고 자원이 고갈되었다면, 그것은 문명의 발전이 아니라 오히려 퇴보라 할 것입니다. 지구 환경뿐 아니라 후손들이 사용할 자원에도 아무 문제가 없다면 우리에게 어떤 잘못과 책임도 없겠지요. 그러나 우리의 소비생활이 녹색별의 환경과 미래를 염려케 한다면, 비록 우리가 특별한 잘못을 범하지 않았다 할지라도 우리 삶 자체가 죄를 범하는 것입니다.

하나님이 창조하시고 "보시기에 좋았다!"라고 감탄하신 지구를 보존하는 것은 그리스도인의 또 다른 사명입니다. 그 사명을 위해 이제 우리에겐 작은 불편을 감수하는 용기가 필요한 때입니다. '불편'은 지구를 살리는 '희망'의 또 다른 이름입니다. 그리고 그 희망의 불씨는 바로 나 자신의 변화에서부터 불타올라야 할 것입니다.

제비 둥지에서 발견한
따스한 예수님의 손길

어릴 적 처마 끝에 달려 있는 제비 집을 발견하는 것은 특별한 일이 아니었습니다. 그러나 이젠 환경오염과 더불어 도시화로 인해 제비 구경하기가 힘들어졌습니다. 지금처럼 환경오염이 계속된다면, 결국 제비들도 『흥부와 놀부』에 나오는 옛날이야기 속의 주인공으로만 만나지 않을까요?

제비가 둥지를 만드는 모습은 참으로 신비롭습니다. 다른 새들은 나뭇가지와 풀 잎사귀로 둥지를 짓습니다. 그러나 제비는 진흙을 고집합니다. 둥지를 쌓아올리거나 처마 끝에 붙이기 위해서지요. 끈적끈적한 진흙 한입 물어오고, 그 다음에 작은 나뭇가지를 물어옵니다. 또 다시 물고 온 진흙을 나뭇가지 위에 얹고 잘 다집니다. 둥지를 진흙만으로 만들면 금방 무너지기 때문입니다. 제비가 집을 짓는 모습은 마치 뛰어난 건축가가 벽돌을 쌓아올리는 모습을 닮았습니다.

드디어 토성처럼 쌓은 제비 집이 완성되었습니다. 그러나 이것으로 끝이 아닙니다. 제비들은 둥지 안에 부드러운 볏짚이나, 고운 풀뿌리를 물어다 깔아놓습니다. 이제 곧 태어날 알들을 위한 세심한 배려지요.

모든 공사가 끝나고 제비 집이 조용해졌습니다. 마침내 알을 낳았나 봅니다. 제비 부부가 식사하기 위해 외출한 사이 살며시 둥지 안을 들여다보았습니다. 둥지 속에는 이제 곧 깨어날 동글동글한 알이 놓여 있었습니다. 그런데 놀랍게도 포근한 담요를 펼쳐놓듯, 하얀 깃털들이 알 밑에 깔려 있었습니다. 어미 제비가 새끼들을 위해 자신의 가슴 털을 뽑은 것입니다.

새끼들을 위한 제비의 세심한 배려에서 나를 향한 예수님의 따스한 손길을 느낄 수 있었습니다. 예수님은 내 삶에 필요한 하나하나를 예비하시고, 내 발걸음을 이끄시는 사랑의 주님입니다. 그분은 섬세한 손길로 내 작은 신음까지 응답하시는 참 좋으신 분입니다. 예수님은 나를 사랑한다는 말만 하지 않았습니다. 하늘 보좌를 버리시고 나를 찾아오신 그분은 나 대신 자신의 생명까지 희생하신 사랑의 주님입니다.

늘 나와 함께하시고, 나를 위해 섬세한 보살핌을 마다치 않는 그분의 따스한 손길과 함께하는 복된 하루가 되길 기도합니다.

모든 곳에 모든 순간에
우리와 함께하신 하나님

아기 산새들의 쫑알거림을 바라보는 것처럼 신비롭고 정겨운 일은 드물 것입니다. 그동안 산을 오르내리며 많은 산새들을 보아왔지만, 아기 오목눈이들의 모습은 그 어떤 새들보다 더 정겨웠습니다. 엄마 새가 물어오는 먹이를 서로 먼저 먹기 위해 노란 입을 쫑알거리는 아기 새들의 모습은 세상 그 어떤 합창단의 공연보다 더 멋지고 환상적이었습니다.

오목눈이는 둥지를 짓는 모양에서부터 다른 새와 다릅니다. 대부분의 새들이 오목한 밥그릇 모양의 둥지를 만듭니다. 그러나 오목눈이는 파란 이끼로 동그란 공 모양의 둥지를 만듭니다. 손이 없는 산새들이 풀과 이끼로 둥지를 만드는 모습은 참으로 신비로운데, 오목눈이는 어떻게 이끼로 동그란 모양의 집을 만들 수 있었을까요? 그 비밀은 거미줄에 있습니다. 거미줄을 접착제로 삼아 이끼 집을 동그랗게 완성할 수 있는 것이지요.

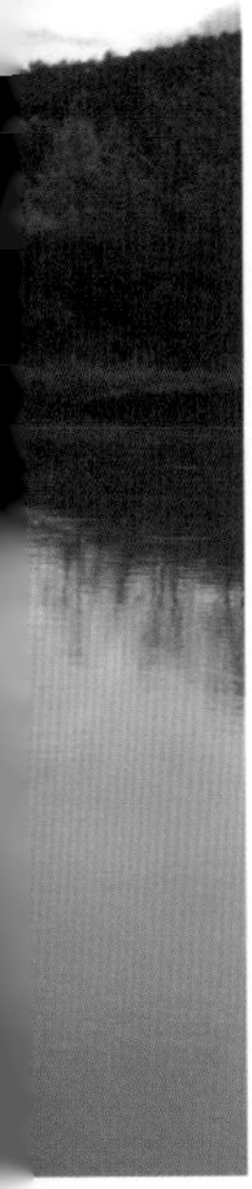

우리는 흔히 '기도'를 큰 목소리로 뜨겁게 외치는 것이라고 생각합니다. 그런데 우리가 잘 아는 성 프란체스코는 숲으로 난 길에 쪼그려 앉아 몇 시간씩 개미를 바라보며 하나님의 오묘한 창조 섭리를 감탄하곤 했다고 합니다. 하나님의 영광을 노래하는 자연을 바라보며 온 마음과 영혼으로 하나님께 감사하는 것, 이것 또한 기도입니다. 하나님과 함께하는 시간이기 때문입니다.

하나님은 아름다운 자연을 우리에게 선물로 주셨습니다. 그리고 그 선물 가운데서 우리가 하나님을 만나기를 기다리고 계십니다. 자연이 하나님은 아니지만, 그 안에 하나님의 숨결이 숨어 있기 때문입니다.

만약 하나님을 특별한 장소, 특별한 시간에서만 만나려 한다면 우리의 신앙은 너무나 보잘것없어질 것입니다. 모든 곳에 모든 순간에 우리와 함께하신 하나님은 그분의 아름다운 창조물 속에서 우리가 하나님을 찾고 만나기를 기뻐하십니다.

일상 속에서 발견하는
행복

많은 이들이 더위를 피하기 위해 푸른 파도 넘실대는 바다를 찾아갑니다. '바다'의 푸른 물결을 생각하면 제 기억 속에 언제나 떠오르는 꽃이 하나 있습니다. 이른 봄 전국 산하에 꽃을 피우는 '큰개불알꽃'이라는 특이한 이름을 지닌 꽃이지요. 아기 손톱보다 더 작은 크기의 꽃이지만, 자연에서는 보기 드문 바다를 닮은 파란색의 꽃잎을 지니고 있습니다.

바닷물결 같이 펼쳐진 꽃잎 사이에 하늘을 향해 삐죽이 들고 있는 두 개의 수술 모양이 참 독특합니다. 마치 두 눈을 빠금히 내밀고 바닷가를 거니는 바닷게를 영락없이 닮아 보입니다. 큰개불알꽃을 바라보고 있노라면 그 작은 꽃송이에서 넘실대는 파도소리가 들려오고, 바다 내음이 실려오는 것만 같아 이 꽃이 한결 정답고 사랑스러워지곤 합니다.

큰개불알꽃이 세상을 향해 푸른 얼굴을 내민 지 얼마의 시간이 흘렀을까요? 연분홍 빛깔의 꽃이 큰개불알꽃과 다정한 친구처럼 머리를 맞대고 있습니다. 재미있게 생긴 꽃 모양 때문에 광대나물이라

부르는 우리 들꽃입니다. 그의 표정은 마치 두 손을 앞으로 하여 콩콩 뛰어다니는 만화영화의 주인공 강시를 닮아 보이기도 하고, 때론 예쁜 요정 같기도 합니다.

길가에서 피고 지는 들꽃들은 너무 작고 보잘것없어 우리의 관심과 눈길을 끌지 못합니다. 그러나 자세히 바라보면 그 안에 숨겨진 놀라운 아름다움을 만날 수 있습니다. 우리 삶의 행복이란 작은 들꽃의 아름다움과 같지 않을까요? 하루하루의 작은 일상 속에 행복의 신비로움이 담겨 있는 것이지요.

우리에게 아름다움을 볼 수 있는 맑은 눈이 있으면 좋겠습니다. 작은 들꽃들의 예쁜 표정을 보기 위해 돋보기가 필요하듯, 우리 삶에 깃든 행복을 보기 위해서는 관심과 이해와 사랑의 돋보기가 필요합니다. 조용히 내 삶에 다가오시는 하나님의 따스한 임재와 현존을 느끼기 위해서도 작은 것에 귀 기울이는 열린 영혼의 눈이 필요하답니다.

"하나님은 그분의 영광이 가득한 세상 속에서 우리에게 발견되기를 기다리고 계십니다."

또 한 명의 다윗을 찾습니다

까만 조약돌로 가득한 거제도 몽돌 해변을 다녀왔습니다. 이 많은 돌들을 마치 누가 다듬어 놓은 듯 모두 동글동글하고 매끄럽고 부드러웠습니다. 파도가 밀려왔다 물러가면 까만 조약돌이 구르며 만들어 내는 화음이 신비로웠습니다. 오래전 이스라엘 광야에서 골리앗을 물리치기 위해 물맷돌을 고르던 소년 다윗의 힘찬 목소리가 들려오는 것만 같았습니다.

다윗은 골리앗 앞에 나서야 할 책임이 전혀 없는 어린 소년에 불과했습니다. 다윗이 골리앗을 보고 무서워 도망을 친다 할지라도 누구도 그에게 손가락질하지 않았을 것입니다. 그러나 소년 다윗은 비록 자신에게는 어떤 의무와 책임도 없었지만, 공의로운 분노를 느끼며 골리앗 앞에 당당히 나섰습니다.

다윗이 골리앗 앞에 들고 나간 것은 양치는 막대기와 길에서 주운 물맷돌 다섯 개뿐이었습니다. 그는 전쟁에 어울리는 무기를 요구하지 않았습니다. 비록 세상 사람들에게는 보잘것없는 물맷돌에 불과했지만, 다윗은 자신에게 가장 익숙한 것으로 세상이 감당하지 못

하는 위대한 일을 이뤄낸 것입니다.

우리는 매일 남과 비교하며 내게 부족한 것을 찾아냅니다. 그러나 오늘 내게 있는 것이 물맷돌에 불과하다는 사실은 그리 중요하지 않습니다. 내 손이 하나님께 붙들린다면, 보잘것없던 작은 물맷돌은 세상 그 누구도 감당치 못할 위대한 일을 이루는 최고의 무기가 되기 때문입니다.

사무엘 선지자가 새로운 지도자를 뽑고자 했을 때, 다윗은 가족의 모임에도 초대받지 못했습니다. 그러나 다윗은 가족으로부터 인정받지 못했다는 상처에 무너지지 않았습니다. 오히려 하나님만을 의지하며 자신에게 주어진 일에 최선을 다하였습니다.

오늘 하나님은 다윗과 같은 청년들을 찾고 계십니다. 내가 나서야 할 의무와 책임이 전혀 없지만, 하나님의 이름으로 세상의 아픔을 치유하는 용기 있는 하나님의 청년들이 필요한 때입니다. 내가 하나님의 이름으로 나아갈 때, 하나님은 보잘것없던 내 물맷돌을 세상의 그 무엇보다 강한 무기로 삼아주실 것입니다.

가을

하늘 본향을 찾아가는 잠자리처럼

"바쁜 일상 속에서

하늘의 향기 맡을 수 있기를

갈망합니다."

덕이 있는 믿음의 사람이 되기를

창밖 후박나무에 산새들의 발걸음이 분주합니다. 후박나무 씨앗을 따먹기 위해 찾아오는 녀석들이지요. 열매가 익어 꼭꼭 감춰져 있던 빨간 씨앗이 고개를 내밀기 시작하면 후박나무는 오색딱따구리, 청딱따구리, 직박구리, 곤줄박이, 동고비, 박새, 쇠박새 등 쉼 없이 찾아오는 손님맞이에 바쁩니다.

산새들의 입맛은 모두 제각각입니다. 오색딱따구리는 나무 속에 숨어 있는 벌레를 잡아먹기 좋아하고, 직박구리는 과즙이 있는 열매를 좋아합니다. 박새는 들깨나 해바라기 같은 아주 작은 씨앗을 좋아합니다. 그런데 후박나무 씨앗은 얼마나 맛있는지 너나없이 즐겨 찾습니다.

다양한 산새들이 즐겨 찾는 후박나무를 보면서 많은 사람을 부요케 하는 덕이 있는 믿음의 사람이 떠올랐습니다. 베드로는 "믿음 위에 덕을 채우라"(베드로후서 1:5)라고 했습니다. 사도 바울은 "너희 관용을 모든 사람에게 알게 하라"(빌립보서 4:5)라고 강조했습니다. 내가 하나님의 자녀가 되었다는 것은 하나님의 은혜로 그저 나 혼자 성공하는 것을 의미하는 것은 아니겠지요. 내게 찾아오는 사람을 가리지 않고 그들의 아픔을 위로하고 함께할 수 있는 사랑과 덕이 내게 있는지 스스로 돌아보았습니다.

후박나무에겐 숨겨진 덕이 하나 더 있습니다. 후박나무의 본명은 일본목련나무입니다. 우리가 흔히 아는 목련나무는 잎이 나오기 전에 하얀 꽃을 가득 피우지만, 참 허무하게도 이 꽃들은 겨우 며칠 만에 모두 땅에 떨어지고 맙니다. 그런데 이 일본목련은 잎이 먼저 나옵니다. 그리곤 전혀 조급함 없이 한 송이 한 송이 차례로 꽃망울을 터트리며 한 달이 넘도록 꽃이 피어오르는 지속합니다. 부채처럼 커다란 잎사귀 속에 숨어 한두 송이씩 피어오르는 후박나무 꽃은 사람들 눈에 잘 띄지 않습니다. 그러나 꽃향기는 아까시나무보다 더 달콤하고 부드럽습니다. 자신의 얼굴을 드러내지 않으면서도 향기로 세상을 행복하게 해주고, 다양한 산새들을 먹여주는 덕 있는 후박나무는 내가 어떤 하나님의 자녀가 되어야 하는지 말해주고 있습니다.

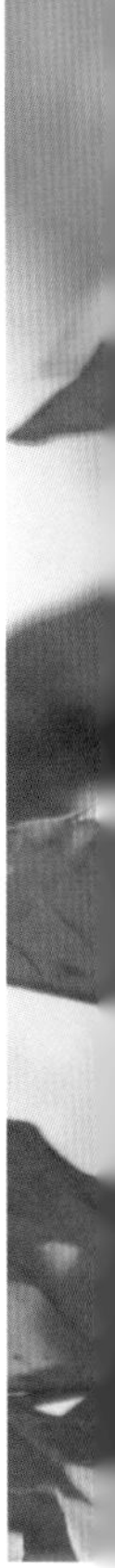

하늘을 소망하는 것이
오늘을 승리하는 힘입니다

지난여름 큰 홍수가 있었습니다. 서강 가에 내려온 10여 년 만에 가장 큰 물을 만난 것입니다. 모든 것을 쓸어갈 듯 거칠게 불어나던 강물이 감사하게도 바로 저희 집 현관에서 멈춰 섰습니다. 그러나 마당은 거센 강물에 쓸려나가 반쪽이 되고 말았습니다. 흙만 쓸려간 것이 아니라 수십 년 된 거목들까지 뿌리째 뽑혀 흔적도 없이 사라졌습니다. 아직도 뿌리를 하늘로 한 채 누워 있는 나무들이 여럿 남아 있어 그 당시 홍수의 위력을 엿보게 합니다.

백사장으로 변한 강가를 거닐다가 강가를 따라 길게 누워 있는 나무들을 바라보았습니다. 뿌리가 허공으로 향한 채 쓰러져 있기에 죽은 줄로 생각했습니다. 그러나 땅속에 뿌리가 일부 남아 있어 그것으로 생명을 유지하고 있었습니다.

이때 놀라운 광경을 보았습니다. 누워 있는 나무 기둥을 뚫고 하늘로 솟아오른 무수한 가지들이었습니다. 나무는 하늘을 향해 자라게 되어 있습니다. 그러나 홍수로 인해 나무가 쓰러지자 기존의 가지로는 하늘을 향할 수 없었던 모양입니다. 아무것도 없던 딱딱한 몸통

들을 뚫고 촘촘히 솟아오른 가느다란 새순들이 제 영혼에 깊은 울림으로 다가왔습니다.

나무가 위를 향해 자란다는 사실은 누구나 다 아는 이야기입니다. 그러나 땅에 쓰러져서도 하늘을 소망하는 나무의 모습 속에서 너무나 당연한 사실을 까맣게 잊고 살아온 저를 발견하였습니다. 과연 내 영혼은 얼마나 하늘을 바라보며 살아가고 있을까요? 오늘 내가 지치고 힘든 것은 세상사가 어렵기 때문이 아니라, 하늘 바라보기를 잃어버렸기 때문일 것입니다. 초대교회의 교인들이 목숨을 건 박해의 고통 속에서도 기쁨을 잃어버리지 않았던 것은 하늘을 소망했기 때문입니다.

그리스도인이란 하늘의 부르심을 입은 자요, 날마다 하늘을 바라보며 살아가는 사람입니다. 하늘을 바라봄이란 오늘을 승리하는 힘입니다. 바쁜 일상 속에서도 하늘을 소망하는 은총이 우리 영혼 가득하길 기도합니다.

높은 곳에 이르려면
낮은 것을 떨어버려야 합니다

하늘을 찌를 듯 높게 솟아 있는 소나무 숲에 들어서면 왠지 모를 경건함이 느껴집니다. 신기하게도 소나무들은 저 높은 꼭대기에만 가지들을 달고 있습니다. 햇빛을 좋아하는 소나무는 새순이 나면 아래쪽 가지로 향하는 영양을 제한하여 그 가지를 말라죽게 함으로써 하늘을 향해 쑥쑥 자라는 것입니다. 지금까지 힘들게 고생하며 만든 가지인데 함께하면 안 되냐고 소나무에게 물으니, 그렇게 하면 위로 더 높이 오를 수 없다고 대답합니다. 높은 곳으로 오르기 위해서는 아깝더라도 아래의 가지들을 떨어버려야 한다는 것입니다.

하늘을 향해 팔을 벌리고 서 있는 소나무들을 바라볼 때면 내 영혼에 소나무가 부르는 노래가 들려옵니다.

"높은 곳에 이르려면 낮은 것들을
가능한 한 다 떨어뜨려야 한다네.
낮은 것들을 달고는 위로 높이 오를 수 없으니…."

소나무의 노래를 들으니 욕심으로 이것저것 주렁주렁 달고 있는 내 모습이 한없이 부끄러워집니다. 100년도 살지 못하면서 천년만년을 살 것처럼 악착같이 모으고 쌓습니다. 말로는 하늘을 바라본다고 이야기하지만, 마음은 이 땅의 것에 더 애착하는 내 자신입니다. 이런 모습으로는 더 높이 오를 수 없건만, 내일을 향한 하늘의 소망보다는 그저 오늘 풍요의 편리함에 지고 마는 연약한 내 자신입니다.

사도 바울은 "너희가 어떻게 우상을 버리고 하나님께로 돌아와서 살아 계시고 참되신 하나님을 섬기는지와 또 죽은 자들 가운데서 다시 살리신 그의 아들이 하늘로부터 강림하실 것을 너희가 어떻게 기다리는지를 말하니 이는 장래의 노하심에서 우리를 건지시는 예수시니라"(데살로니가전서 1:9-10)라며 하나님께 돌아와 예배하고 섬기기 전에 세상 탐욕의 우상을 버릴 것을 지적했습니다.

오늘 많은 그리스도인들이 하늘을 소망합니다. 그러나 혹시 우리들이 부르는 하나님은 이 땅의 것들을 더 채우기 위한 도구와 방편에 불과한 것은 아닐까요? "빛을 향하여 오르기 위해 낮은 것들을 버리라"라는 소나무의 노랫소리가 거짓 풍요와 탐욕에 찌든 우리 마음에 들려지기를 소망해봅니다.

하나님의 선물 자연, 100배 누리기

싱그러움이 가득한 숲에 들어서면 절로 발걸음이 가벼워집니다. 우리 주위에 둘러서서 미소 짓는 크고 작은 나무와 들꽃들 모두가 놀람과 신비입니다. 그러나 우리는 하나님이 우리에게 선물로 주신 아름다운 자연을 제대로 누리지 못합니다. 모든 것을 당연한 것으로 여기기 때문입니다.

보지도 듣지도 못한 헬렌 켈러는 "만일 3일 동안 볼 수 있다면"이란 글에서 "당신의 눈을 쓰되, 마치 내일 당신이 시각장애인이 된다면 하는 기분으로 쓰시오. 마치 내일 당신이 청각장애인이 된다면 하는 기분으로 음악을 들으시오. 꽃들의 향기를 맡으시오. 마치 내일이면 냄새도 맛도 못 느낀다는 기분으로 당신의 모든 감각기관을 최대한도로 이용하십시오"라고 하나님의 귀한 선물을 누리는 최고의 방법을 들려주었습니다.

"모든 것을 마지막인 것처럼!"이라는 헬렌 켈러의 방법과 함께 하나님의 선물을 누리는 또 하나의 지름길이 있습니다. 아이의 마음을 소유하는 것입니다. 예수님은 "어린아이들에게 하나님의 뜻을 나타내신다"(마태복음 11:25)라고 말씀했습니다. 어린아이 앞에 세상은 모든 것이 새롭고 아름다우며, 작은 것에도 놀라움과 흥분으로 가득합니다.

어른들의 가장 큰 슬픔은 경험의 눈으로 세상을 바라봄으로써 아름다움을 느끼는 마음을 잃어버린 것입니다. 작은 사물에도 놀라움을 발견하는 어린아이 같은 마음을 회복할 때, 우리 삶에 언제나 동행하시는 하나님을 발견하게 됩니다. 작은 것에 담긴 아름다움을 발견하는 열린 마음을 갖게 되면 우리는 늘 하나님의 임재 속에 거하는 행복한 삶을 누릴 수 있을 것입니다.

푸름이 가득한 숲으로 님들을 초대합니다. 하나님은 숲의 크고 작은 생명 하나하나를 통해 우리에게 많은 이야기를 들려주십니다. 하나님 창조의 걸작인 자연을 통해 하나님의 음성을 듣고 삶의 지혜를 발견하는 눈을 갖게 될 때, 우리는 더욱 풍요로운 그리스도인이 될 것입니다.

이 가을엔
예수님의 옷으로 갈아입자

싱그러움으로 가득했던 숲이 옷을 갈아입는 가을이 찾아왔습니다. 녹색의 숲이 자신 안에 깊이 감춰두었던 저마다의 고운 빛깔의 옷으로 갈아입고 있습니다. 마치 멀리 나들이하기 위해 장롱 깊이 간직해 두었던 새 옷을 꺼내 입고 나오는 것과 같이, 가을을 맞이하는 숲의 나무들마다 떠남을 위해 새로운 옷으로 갈아입습니다.

하나님의 자녀가 된다는 것은 옷을 갈아입는 것이라 할 수 있습니다. 아담과 하와가 연약하고 보잘것없는 무화과 잎사귀 대신에 하나님이 주신 튼튼한 가죽옷으로 갈아입은 것처럼, 나를 벗고 하나님의 옷으로 갈아입는 것입니다. 사도 바울은 이를 "그리스도로 옷 입었다"(갈라디아서 3:27)라고 표현했습니다. 한여름의 수고를 뒤로하고 말없이 떠나는 잎사귀들을 하나님이 곱디고운 옷으로 갈아입혀 주듯이, 하나님 품에 의지하는 당신의 자녀들에게 세상에서 가장 아름다운 옷 '예수님'을 입혀주셨습니다.

하늘과 땅, 두 왕국에 존재하는 우리는 두 가지 옷을 입을 수 있습니다. 하나는 내가 만든 자기 의의 옷이요, 다른 하나는 하나님이 예수님의 피로 짜서 입혀주신 하늘 왕자의 옷입니다. 내가 하나님께로 나아갈 때는 오직 한 가지 옷만으로 가능합니다. 내가 아무리 보잘것없는 모습일지라도 하나님은 '예수님'이라는 옷을 입은 나를 보시면 당신의 거룩하고 사랑스러운 아들로 받아들여 주십니다. 왜냐하면 이 옷은 하나님 당신의 낮아짐과 버림받음과 피와 땀과 눈물로 만들어졌기 때문입니다.

많은 사람들이 하나님 앞에 자신의 보잘것없음을 고민합니다. 자신의 허물로 인해 하나님 앞에 서기를 부끄러워합니다. 그래서 우리의 신앙이 하나님께 인정받기 위한 옷을 만드는 무거운 짐으로 변해버렸습니다. 그러나 우리는 알아야 합니다. 하나님이 세상에서 가장 아름다운 옷 '예수님'을 이미 내게 입혀주셨다는 것을, 또한 이 예수님이라는 옷을 입을 때만 하나님이 나를 바라보고 기뻐하신다는 사실을 말이지요.

이젠 기억해야 합니다.
예수님의 피눈물로 짠 옷을 입은 나는
언제나 하나님의 자랑스런 하늘 왕자요,
하나님의 기쁨인 하늘 공주임을….

아름다운 단풍으로 물들기 시작하는 이 가을엔
예수님의 옷으로 갈아입읍시다.

가을

오늘 새롭게 다가오시는
하나님의 신선한 사랑

눈을 뜨면 제 눈길은 창밖의 산을 향합니다. 어둠이 가시기 시작한 희미한 새벽안개 사이로 모습을 드러내기 시작한 산봉우리를 바라봅니다. 산은 변함없이 그곳에 서서 언제고 찾아가는 우리의 시선을, 우리의 발걸음을 따사로이 맞아줍니다. 그러나 우직하게 한 자리에 서 있는 산봉우리이지만, 단 한 번도 같은 모습인 적이 없습니다. 산은 매일 매 순간 새롭습니다. 계절과 시간의 변화와 더불어 날마다 새로움으로 우리에게 다가옵니다.

내게 다가오시는 하나님의 사랑은 산과 같습니다. 하나님은 언제나 그곳에 계십니다. 내 시선이 머무는 그 자리에, 내 발걸음이 다가서는 바로 그 자리에 그분은 언제나 변함없이 나를 기다리고 계십니다. 어제나 오늘이나 동일하신 사랑의 하나님이기 때문입니다.

그러나 나를 향한 하나님의 사랑은 변함없지만, 내게 다가오시는 그분의 손길은 늘 새롭습니다. 어제와 오늘이 다르듯, 하나님은 매일 매 순간 새로운 모습으로 내게 다가오십니다. 어제의 기억으로 오늘의 하나님을 찾으려 하면 안 되는 까닭입니다.

많은 사람들이 나와 함께하는 하나님을 찾지 못하는 이유는 어제의 기억에 머물러 있기 때문입니다. 예레미야는 "하나님의 자비와 긍휼이 아침마다 새롭다"(예레미야애가 3:22-23)라고 노래했습니다. 나를 향한 하나님의 사랑은 날마다 순간마다 새롭습니다. 매일 하나님을 만나고 그분의 사랑을 발견하기 위해선 우리의 열린 눈과 마음이 필요합니다.

"내가 산을 향하여 눈을 들리라"라고 고백했던 시편기자처럼 우리의 눈을 '내'가 아니라 '하나님'을 향해 높이 드십시오. 내가 기대한 방법과 어제의 내 기준이 아니라, 오늘 새로운 모습으로 다가오시는 그분의 신선한 사랑을 만나십시오.

썩는 밀알의 거룩한 향기가 당신 삶에 가득하기를

따가운 가을 햇살 아래 벼가 무럭무럭 익어가고 있습니다. 하나님이 좋은 일기를 주셨으니 올해도 풍년이 들겠지요. 누렇게 익어가는 벼들이 "한 알의 밀이 땅에 떨어져 죽지 아니하면 한 알 그대로 있고, 죽으면 많은 열매를 맺느니라"(요한복음 12:24)라고 하신 예수님의 말씀을 웅변하는 듯합니다.

작은 씨앗 한 알에서 수십, 수백 배의 수확이 거둬진다는 것이 신비롭기만 합니다. 그러나 여기엔 전제 조건이 있습니다. 풍성한 열매를 거두기 위해선 그 이전에 썩어 흔적도 없어진 한 알의 밀알이 있어야 한다는 것입니다.

누구나 풍성한 열매를 거두기를 좋아합니다. 그러나 자신이 그 열매를 위한 썩어짐의 밀알이 되는 것은 거부합니다. 오늘 빛을 잃은 한국 교회에 필요한 사람은 능력 있고 똑똑한 사람이 아닙니다. 교회와 삶의 현장 곳곳에서 한 알의 밀알이 되는 사람입니다. 요즘 교회엔 참으로 잘난 사람들이 넘쳐납니다. 그러나 섬김의 밀알이 되는 사람은 그 어디서도 찾기 어렵습니다.

우리에게 한 알의 밀알이 되라고 말씀한 예수님은 스스로 십자가에 달려 썩는 밀알의 길을 선택하셨습니다. 오병이어의 놀라운 기적을 경험한 이들의 기대를 저버리고 무기력한 모습으로 십자가의 길을 걸어가셨습니다. 십자가는 당시에는 실패처럼 보였으나 오늘 우리에게 구원의 열매를 거두는 위대한 승리가 되었습니다.

썩어지는 한 알의 밀알이 되는 삶, 바로 내가 가야 할 참된 승리의 길입니다. 문제는 그 승리를 내가 거두지 못한다는 아쉬움입니다. 성공과 승리를 내가 꼭 맛봐야 한다는 유혹이 우리에게 밀알이 되는 거룩한 길을 방해하는 가장 큰 원인입니다.

우리는 왜 예수님을 믿는 것일까요? 혹시 예수님께 더 좋은 성공만을 구하고 있지는 않나요? 예수님은 "나를 섬기려면 나를 따르라. 나 있는 곳에 나를 섬기는 자도 거기 있으리니"(요한복음 12:26)라고 썩어지는 밀알의 거룩한 길로 우리를 초대하고 있습니다.

비록 썩어짐의 고통이 있지만 그것을 감내할 수만 있다면, 생명을 품는 밀알의 거룩한 향기가 당신 삶에 가득할 것입니다. 밀알의 길을 가는 그대를 축복합니다.

"그리스도인이란 세상에 화려한 꽃을 피우는 사람이 아니라,
하나님 보시기에 참된 열매를 맺는 사람입니다."

가지치기와 솎아내기가 필요한 계절

뜨거운 햇살 아래 사과 열매가 하루가 다르게 익어가고 있습니다. 오늘 저렇게 탐스러운 열매를 맺기 위해서는 농부의 가지치기와 열매를 솎아내는 수고가 필요했습니다. 한 나무에 너무 많은 과일이 달리면 품질 좋은 열매를 거둘 수 없기 때문에 농부는 냉정하게 가지치기를 하고 필요 이상의 열매를 솎아냅니다.

굵은 열매를 맺은 사과나무 한쪽에 삐죽이 하늘로 솟은 가지에 사과가 셀 수 없을 만큼 가득 달려 있었습니다. 그러나 열매를 솎아주지 않아 매우 작고 먹을 수 없는 것이 되었습니다. 만일 나무에 생겨나는 모든 가지와 달리는 모든 열매를 내버려두면 나무도 못쓰게 되고 열매 또한 보잘것없습니다. 탐스러운 열매를 수확하기 위해선 가지치기와 솎아내기는 선택이 아니라 필수이지요.

오늘 하루 우리의 생각이나 일상을 돌아보면 잔가지가 너무 많은 것은 아닐까요? 불필요한 만남과 오락으로 시간을 낭비하는 경우가 너무 많지는 않았을까요? 하나님 앞에 우리의 삶이 탐스러운 열매

를 맺기 위해선 일상의 사소한 것들을 과감히 잘라내고 생략할 줄 알아야 합니다. 모든 가지가 나무에게 좋은 것이 아니듯, 우리에게 요구되는 일들 역시 올바른 선택과 집중이 필요합니다.

예수님은 "너희로 가서 열매를 맺게 하고 또 너희 열매가 항상 있게 하여 내 이름으로 아버지께 무엇을 구하든지 다 받게 하려 함이라"(요한복음 15:16)라며 그리스도인의 열매 맺는 삶을 말씀했습니다.

우리 삶이 하나님 앞에 보기 좋은 열매를 맺기를 바란다면, 우리 안의 소비적이고 쾌락적인 잔가지들을 더 이상 두고 보아서는 안 됩니다. 가지치기와 솎아내기를 통해 남아 있는 가지들이 더 많은 영양을 공급받고 탐스러운 열매를 맺는 것처럼, 일상의 가지치기를 통해서만 우리의 인생은 날마다 승리하는 삶이 될 것입니다. 우리 안에 어떤 불필요한 가지들이 남아 있는지 날마다 돌아보며 과감히 잘라내는 지혜와 용기가 사랑하는 벗님들께 함께하기를 기도합니다.

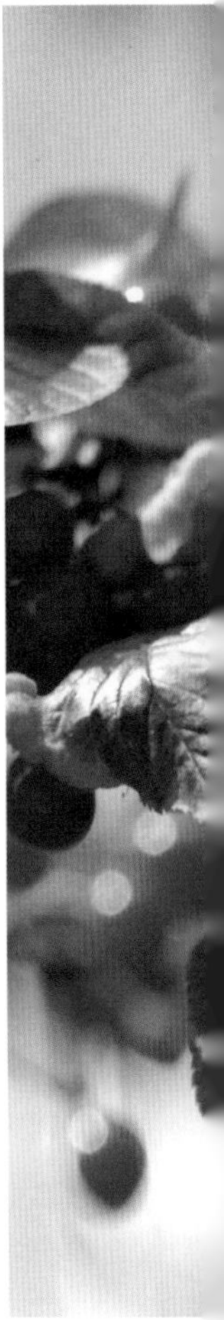

아름다운
열매 맺는 삶

어릴 적 저희 집 정원에는 많은 종류의 과실수들이 있었습니다. 하얀 날개를 펼치는 배꽃이 피는 봄이 되면 저희 집은 그야말로 꽃 속에 파묻힌 천국이 됩니다. 그런데 배나무 잎사귀와 꽃 모양이 모두 똑같기에 열매 익는 가을이 되어야만 어떤 배나무가 좋은 열매 맺는 배나무인지 알 수 있었습니다. 분명히 모든 나무가 눈이 쏟아지듯 아름다운 꽃을 피웠는데, 어떤 나무는 탐스럽고 달고 맛있는 열매를 맺고, 어떤 나무는 작고 딱딱하고 맛없는 열매를 맺습니다. 꽃을 화려하게 피웠지만 돌배나무도 있었던 것입니다.

과일나무는 꽃이 아니라 그 열매로 좋고 나쁨을 알 수 있습니다. 아무리 화려한 꽃을 피울지라도 열매를 맺지 못하거나 쓸모없는 열매를 맺는다면 장작더미에 불과할 뿐입니다. 예수님은 아름다운 열매를 맺는 좋은 나무와 나쁜 열매를 맺는 못된 나무를 말씀했습니다. 예수님은 하나님 자녀들이 아름다운 열매 맺는 좋은 나무가 되기를 원하고 계십니다.

그리스도인이란 세상에 화려한 꽃을 피우는 사람이 아니라, 하나님 보시기에 참된 열매를 맺는 사람입니다. 슬프게도 오늘 많은 교회가 열매 맺는 능력을 상실한 채, 세상의 화려함만을 따라가고 있습니다. 하나님의 나라는 수와 양과 그 화려함에 있지 않습니다. 예수님은 교회와 교인의 숫자가 아니라 참된 열매 맺는 자녀를 기뻐하십니다. 아무리 잎이 무성하고 꽃이 화려할지라도 열매를 맺지 못한다면 찍혀 버릴 나무에 불과할 뿐이겠지요.

"주여 주여 하는 자마다 천국에 다 들어갈 것이 아니요. 다만 하늘에 계신 내 아버지의 뜻대로 행하는 자라야 들어가리라"(마태복음 7:21)라는 예수님의 말씀을 들을 때마다 참으로 두렵기까지 합니다. 예수님은 교회에 나가 예배드리고 찬송하고 예수님 이름으로 기도한 사람이 천국 가는 것이 아니라, 하나님 아버지의 뜻대로 행하는 자만이 천국에 들어간다고 말씀합니다.

오늘 한국 교회의 가장 큰 문제는 하나님의 영광을 교회라는 좁은 울타리 안에 가두고 있다는 것입니다. 그러나 살아 계신 하나님은 돌로 지은 건물 안에 갇혀 계신 신이 아닙니다. 하나님은 교회보다 더 크십니다. 온 우주의 주인이신 하나님은 당신이 만드신 사람들 안에서, 그리고 이 세상의 다양한 아픔들 속에서 우리를 만나기를 기다리고 계십니다.

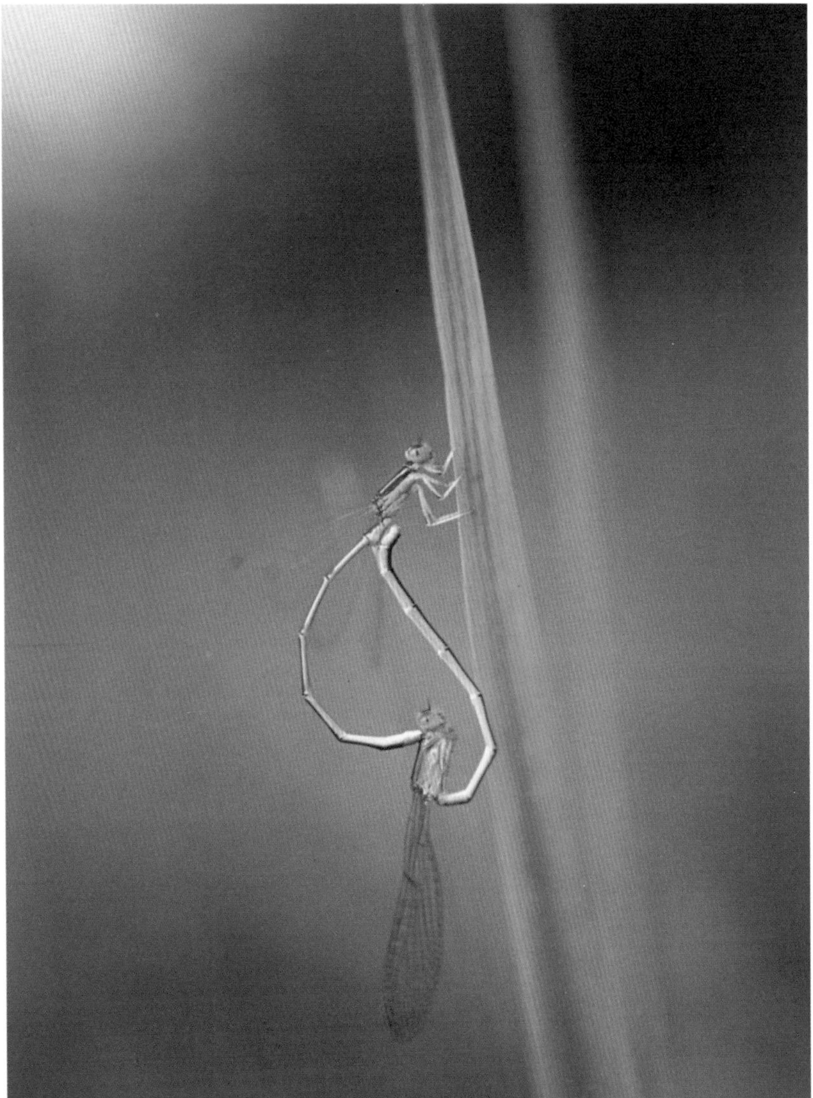

하늘 본향을 찾아가는 잠자리처럼

따사로운 햇살 아래 은빛 날개를 반짝이는 잠자리들이 가을 하늘을 수놓고 있습니다. 잔잔한 잠자리의 비행은 내 영혼에 평화로움을 선사합니다. 잠자리들의 평화로운 몸짓을 바라보고 있노라면, 잠자리들이 하늘의 평화를 이 땅에 전해주는 평화의 전령 같다는 생각이 들곤 합니다.

그러나 사실 잠자리의 비행을 평화롭다 생각하는 것은 저의 오해일 뿐입니다. 지금 잠자리는 평화로움과는 상관없이 날카로운 눈을 번뜩거리며 먹을 것을 찾아 날아다니는 중이기 때문이지요.

잠자리는 맑은 물을 좋아합니다. 하늘을 날아다니는 잠자리가 물을 좋아한다니 참 아이러니하지요. 잠자리는 알을 낳을 곳이 물임을 알기에 위험을 감수하며 물가를 찾습니다. 잠자리들의 짝짓기는 마치 사랑의 하트를 닮은 신기한 모습입니다. 알을 낳을 때에도 두 마리가 한몸이 되어 날아다니며 물속에 알을 낳곤 합니다.

알에서 깨어난 잠자리 애벌레가 물속의 생활을 끝내고 밖으로 나와 허물을 벗고 어른 잠자리가 되는 모습은 신비로움 그 자체입니다. 물속에서 살아가던 잠자리 애벌레들은 누가 알려주지도 않았는데 밖으로 나갈 때를 어떻게 아는 것일까요? 때가 되면 동이 트는 이른 새벽 잠자리 애벌레들은 물가로 나와 새로운 세상을 만납니다.

애벌레의 등이 살짝 갈라지며 감추어 있던 잠자리의 모습이 드러나기 시작합니다. 가장 먼저 머리가 나오고, 잠시 뒤 꼬리를 빼냅니다. 허물에서 온몸이 다 빠져나오면 날개와 꼬리가 주-룩 주-룩 길어지기 시작합니다. 사르르 펼쳐지는 날개는 마치 차곡차곡 접었던 손수건을 펼치는 것만 같고, 점점 굵고 길어지는 꼬리는 마치 누군가 요술 방망이를 두드리는 것만 같습니다. 잠자리의 탈피 과정은 그야말로 한편의 기막힌 드라마를 보는 듯도 하고, 신비와 환상의 세계에 와 있는 착각이 들기도 합니다.

물속 세상과 하늘을 나는 물 밖의 세상, 한 몸으로 전혀 다른 두 세상을 살아가는 잠자리는 우리에게 하늘 본향을 일깨워주는 소중한 친구입니다. 하나님을 믿노라 하지만, 우리들의 숨 가쁜 일상은 마치 이 세상이 전부인 것처럼 살아가게 합니다. 이 세상에 빠진 내 삶은 그 어디에서도 하늘의 향기를 맡을 수 없지요.

그러나 잠자리 애벌레가 때가 되면 물 밖으로 나와 자신을 가두고 있던 허물을 벗고 자유롭게 창공을 날게 되듯, 우리도 어느 날 이 세상에서 벗어나 꿈에 그리던 새로운 세상을 만나게 될 것입니다. 힘겨운 이 세상을 살아가더라도 매 순간 하늘 본향을 기억하는 것은 이 세상을 승리하는 나침반이 되어줄 것입니다.

하나님의 생명수 시냇가에 심은 나무

하늘을 향해 우뚝 서 있는 나무들을 바라볼 때면 놀라움과 경외감이 들곤 합니다. 저 거대한 나무 기둥을 무엇으로 만들었을까요? 사람들에겐 순수한 창조란 없습니다. 이 물건을 저 물건으로 모양을 변형시킨 것에 불과합니다. 그러나 나무는 그 엄청난 기둥과 화사한 꽃과 탐스러운 열매를 겨우 물과 햇빛만으로 만들어냅니다. 나무는 세상의 모든 생명을 위해 산소를 만드는 가장 위대한 생명체입니다.

하나님은 시편 1편 3절에서 우리에게 "시냇가에 심은 나무"를 보여주십니다. 물이 흐르는 시냇가에 있기에 잎사귀가 언제나 푸르고, 때를 따라 풍성한 열매를 맺는 아름다운 나무입니다.

꽃이 핀 나무에는 벌과 나비가 찾아와 꿀과 꽃가루를 먹고 그들의 생명을 유지합니다. 열매가 풍성한 나무에는 새와 동물과 사람들이 그 열매를 얻기 위해 나무 곁으로 찾아옵니다. 잎사귀가 무성한 나무는 시원한 그늘이 있어 많은 사람들이 그 아래에서 쉼을 누립니다.

하나님은 우리에게 한 그루 나무가 되라고 말씀합니다. 다른 사람들에게 시원한 그늘과 평안한 쉼을 제공하는 고마운 나무, 이 세상에 기쁨의 꽃을 피우는 나무, 타인의 생명을 풍요롭게 하는 열매 맺는 나무가 되라고 말씀합니다.

그리스도인의 삶은 한 그루 나무가 되는 것입니다. 나무가 이 세상에서 가장 소중한 산소를 만들 듯이, 그리스도인이란 나무처럼 이 세상에서 가장 소중한 존재가 되어야 합니다.

나는 하나님의 생명수 흐르는 시냇가에 심겨진 한 그루 나무입니다. 나는 예수 그리스도의 복음의 생명수 흐르는 시냇가에 심겨진 아름다운 나무입니다. 내가 매일 하나님의 시냇가에 머물 수 있다면, 우리 삶은 언제나 싱그럽고 기쁨의 꽃이 피고 행복의 열매가 가득하게 될 것입니다.

오늘 내게 필요한 은혜는 공짜입니다

창밖에 소나무 숲이 펼쳐진 곳으로 이사를 했습니다. 신비로움이 가득한 새벽 산안개와 푸름이 가득한 나무들과 산새들의 청아한 노랫소리가 저를 행복하게 해줍니다. 숲 가까운 곳으로 이사하니 신선한 공기와 더불어 하나님의 다양한 선물을 공짜로 누리게 된 것입니다.

요즘 거리에 공짜라는 단어가 우리를 유혹합니다. 그러나 세상의 공짜는 여러 조건들을 내세우며 거짓으로 우리를 속이고 있을 뿐입니다. 이 세상엔 조건이나 대가를 요구하지 않고 값없이 주어지는 선물이란 존재하지 않습니다.

성경엔 복음을 "거저 주셨다"(에베소서 1:6), "은혜로 주셨다"(고린도전서 2:12), "값없이 주셨다"(로마서 3:24)라고 다양하게 표현합니다. 복음은 하나님의 은혜와 사랑을 날마다 우리에게 공짜로 부어줍니다. 오늘 우리 믿음에 기쁨을 상실한 것은 하나님의 은혜가 값없이 주는 선물인 것을 모르기 때문입니다. 우리는 하나님께 은혜를 받기 위해서는 하나님을 잘 섬겨야 한다고 이야기합니다. 그러나 은혜가 은혜 되기 위해서는 어떤 조건이나 대가가 요구되어서는 안 됩니다.

하나님의 선물에는 내가 하나님을 잘 섬겨야 한다는 어떤 조건과 요구 사항도 없습니다. 만약 내게 하나님의 은혜를 받을 자격이 필요하다면 그것은 결코 은혜가 아닙니다. 오늘 우리에게 필요한 것은 은혜 받기 위한 자격이 아니라, 지금 이 순간 내게 값없이 부어주시는 하나님의 은혜와 사랑을 누리는 것입니다. 오늘 내 삶 속에 부어 주시는 은혜와 선물에는 내가 지불할 값이 없습니다. 이미 오래전에 예수 그리스도가 나 대신 하나님께 모든 값을 지불하셨기 때문입니다. 그저 우리는 이미 지불된 하나님의 은혜를 찾아 누리는 것이 필요할 뿐입니다.

하나님이 당신에게 예쁜 초청장을 보내셨습니다.

"너희 목마른 자들아 물로 나아오라. 돈 없는 자도 오라
너희는 와서 사먹되 돈 없이 값없이 포도주와 젖을 사라"
(이사야 55:1).

겨울

양지바른 언덕 따사로운 햇살처럼

"하나님의 사랑은
내가 머무는 어느 곳에나
이미 존재하고 있습니다."

나를 불편하게 하는
예수님이 진짜입니다

숲에서 온몸을 가시로 덮고 있는 나무를 만났습니다. 꽃과 열매가 풍성한 나무를 바라볼 때는 즐거운데, 가시로 뒤덮은 나무는 어딘가 나를 불편하게 합니다. 그러나 온몸을 휘두르고 있는 가시 너머로 싱그러움을 뽐내는 잎사귀들은 생명의 경이로움을 느끼게 해줍니다.

오늘 나를 불편케 하는 분이 계십니다. 바로 예수 그리스도입니다. 예수님은 내게 익숙한 삶에서 떠날 것을 요청하십니다. 예수님은 내가 달콤하고 편한 자리에서 일어나 낯설고 고통스러운 곳으로 달려가라고 말씀합니다.

참 신앙에는 '영광'과 '고난'이 함께 존재합니다. 부활의 기쁨을 누리기 위해선 고통스러운 죽음이 먼저 있어야 합니다. 그러나 많은 사람들이 부활의 영광은 구하지만, 당연히 있어야 할 죽음의 자리는 거부합니다. 고통이 찾아오면 마치 하나님이 나를 사랑하지 않는다거나, 하나님께 버림받았다고 오해를 합니다.

예수님을 좇던 많은 사람들이 십자가에 달린 예수님을 조롱하고 침을 뱉었습니다. 십자가에 달린 예수님은 그들의 기대와는 달리 무

기력하고 실패한 존재였기 때문입니다. 가시 면류관을 쓰고 십자가에 달려 돌아가신 예수님은 우리 모두에게 불편한 존재입니다. 그들은 '성공'을 원할 뿐, '구원'을 바라지 않았기 때문입니다.

예수님은 "누구든지 나를 따라오려거든 자기를 부인하고 자기 십자가를 지고 나를 따르라"(마태복음 16:24)라고 말씀했습니다. 십자가는 어떤 모양이든 간에 우리를 힘들고 불편하게 합니다. 그러나 섬김과 희생과 낮아짐의 십자가만이 참 생명으로 나아가는 지름길입니다. 그리스도인이란 달콤한 꽃향기에 머물러 있는 사람이 아니라, 하나님의 말씀을 따라 자기 십자가를 지고 자기를 부인하는 삶을 살아가는 사람이기 때문입니다.

하나님은 우리에게 위로와 기쁨을 날마다 선물로 부어주십니다. 그러나 하나님은 하늘로부터 받은 선물을 세상에 전하는 샘물이 되라 하십니다. 오늘도 꽃의 영화만이 아니라, 내가 써야 할 가시관을 기쁘게 받아들일 수 있는 용기를 달라고 기도해봅니다.

이 또한
흘러가리라

비가 오나 눈보라가 몰아치나 나무는 모든 순간을 묵묵히 견뎌냅니다. 나무는 자신에게 벌어지는 모든 상황에 열려 있습니다. 나무는 항상 꽃이 피는 따듯한 봄이어야 한다고 고집하지 않습니다. 나무는 언제나 열매가 풍성한 가을이어야 한다고 주장하지도 않습니다. 나무는 있는 그 자체로의 삶을 긍정하고 받아들입니다.

인생은 늘 문제의 연속입니다. 때로 기쁨이 찾아오기도 하지만 잠시뿐입니다. 또 다시 새로운 문제가 엄습하며 우리를 힘들게 합니다. 이 고통의 시간이 오래 지속될 것만 같아 정말 두렵고 힘겹습니다.

고난의 순간이 찾아오면 우리는 "하나님이 계시다면 내게 왜?" 하며 원망하고 한탄합니다. 그러나 셰익스피어는 "어떤 일 자체가 좋거나 나쁜 것이 아니다. 단지 그것을 받아들이는 우리의 생각들이 그렇게 만들 뿐이다"라고 했습니다. 삶을 흥미로운 광야의 모험으로 여기는 믿음의 사람은 평화로울 수 있지만, 삶을 반드시 쟁취해야 할 승리로 여기는 사람은 절망에 빠지게 됩니다.

믿음의 삶이란 '지금 이 순간의 나'를 긍정하는 것입니다. 오늘 내 삶에 벌어지는 모든 일들을 믿음으로 받아들이는 것입니다. 믿음의 사람 아브라함과 다윗은 그들에게 열려 있는 모든 변화에 대해 긍정했습니다. 도저히 이해할 수 없는 모순 앞에서도 "왜?" 하며 하나님을 원망하거나 탓하지 않았습니다.

믿음의 사람은 결과를 미리 정해두거나 기대하지 않습니다. 결과를 미리 정해놓거나 기대가 많으면 우리를 찾아오는 것은 불만족입니다. 그는 모든 상황에 열려 있을 뿐입니다. 성숙한 믿음의 사람은 어떤 상황에서도 믿고 기다리며 함께하는 하나님을 의지합니다.

10여 년을 강가에 살다보니 "흐르는 강은 단 한 번도 똑같은 적이 없다"라는 사실을 터득했습니다. 우리 인생도 흘러가는 강물과 같습니다. 우리의 삶은 모든 사건의 이유를 알아야 하는 수수께끼가 아니라 하나님 안에 묵묵히 걸어가는 신비라는 사실을 기억한다면, 새해를 걸어가는 우리의 발걸음이 조금은 가벼워질 것 같습니다.

일상의 소중함을 들려주는 참새

참새가 멀리 있는 포수를 알아본 순간 총을 맞고 말았습니다. 참새가 땅에 떨어지며 한 말, "포수가 윙크하는 줄 알았는데…." 오래전 사람들의 입에 회자되던 참새 이야기 중의 하나입니다. 나무 중에 진짜 나무는 '참나무'요, 기름 중에 가장 좋은 기름은 '참기름'이라 칭하는 것처럼, 사물에 이름을 붙일 때 가장 멋지고 좋은 것에 '참'을 붙입니다. 그런데 새 중에 가장 작고 보잘것없는 참새에게 '새 중에 진짜 새'라는 뜻의 '참'자를 붙여준 것은 매우 흥미로운 일입니다.

"쪼로-롱" 물이 흐르는 것 같은 다른 새들의 맑은 노랫소리에 비교한다면, 참새 소리는 그리 청아하지도 않은 편입니다. 더욱이 크기와 생김새를 비교한다면, 참새에겐 감탄을 자아낼 만한 깃털의 화려함이나 멋도 전혀 없습니다. 이렇게 작고 보잘것없는 참새에게 '참'자를 붙여준 것은 외모 때문이 아니라, 어떤 새들보다 사람에게 가장 가깝고 친숙한 새이기 때문이 아닐까요?

얼마 전 약속이 있어 서울 시내에 나갔습니다. 복잡한 광화문 사거리를 가득 메운 차량들 소음 사이로 전혀 다른 소리가 들려왔습니다. "짹-짹-째잭!" 하는 아주 상큼한 참새 소리였습니다. 무더운 여름의 갈증을 풀어주는 어떤 청량음료보다 더 시원한 영혼의 청량제였습니다. 소음 사이로 들려온 참새의 노랫가락에서 나를 향한 하나님의 음성을 들을 수 있었습니다. 덕분에 땀이 줄줄 흐르는 무더위 속에서도 웃을 수 있는 마음의 여유를 찾았습니다.

우리의 하루하루는 무의미해 보이는 일상의 연속입니다. 그러나 마음의 눈을 뜨고 바라보면 일상 속에 숨어 계신 하나님의 미소를 발견하게 됩니다. 하나님은 특별한 곳에 계시지 않습니다. 사소해 보이는 내 삶의 모든 순간에 함께하십니다. 작고 보잘것없는 순간 속에서 하나님을 발견하는 사람은 하나님과 동행하는 삶을 살게 됩니다.

올바른 삶의 선택을 위해

햇살 한 줌 희미하게 스며드는 새벽, 어디선가 아름다운 선율의 새소리가 창을 두드립니다. 새벽을 깨우는 황홀한 선율의 주인공이 누구일지 궁금해졌습니다. 숲에서는 시각뿐만 아니라 작은 소리에도 민감히 반응하는 청각도 동원해야 합니다. 사람들마다 목소리가 제각각이듯, 산새들의 노랫가락에도 저마다의 빛깔과 향이 있습니다.

아하! 드디어 찾았습니다. 들려오던 황홀한 선율만큼이나 예쁜 새였습니다. 등과 머리는 검정색 옷을 입고 있었지만, 배 둘레는 노랑 황금빛이 번쩍이는 깃털로 치장하고 있었습니다. 오늘 아침 내게 달콤한 노래를 들려준 친구의 이름은 '흰눈썹황금새'였습니다.

흰눈썹황금새가 오늘 새벽 저희 집 마당을 찾아온 이유가 있었습니다. 지난 겨울 창밖 나뭇가지에 새집을 몇 개 달아놓았기 때문입니다. 저것 좀 보세요! 흰눈썹황금새가 이 집에 들어갔다가 다시 저 집으로, 또 다시 다른 집으로 드나들기를 계속합니다. 어느 집이 좋을지 선택을 하고 있는 것입니다.

그런데 하루 이틀이 지나고, 일주일이 지나고 심지어 보름이 되었건만 흰눈썹황금새는 여전히 집 고르기를 멈추지 않았습니다. 새끼들을 안전하게 키울 보금자리를 마련하는 일이니 신중한 선택이 당연하겠지요. 오랜 시간 고민을 거듭하는 흰눈썹황금새는 결단의 순간마다 미적거리며 우유부단해지는 제 모습을 떠오르게 합니다.

우리 앞에는 언제나 여러 갈래의 길이 나타납니다. 매일의 작은 선택에서부터 삶의 진로에 미치는 큰 결정에 이르기까지, 결국 인생이란 우리가 날마다 선택한 결과의 산물입니다. 그러나 많은 사람들이 "그때…하지 않았더라면" 하고 과거의 선택을 후회하곤 합니다. 예수님과 함께한 선택이 아니라 나만의 좁은 시야로 내린 결정이었기 때문입니다.

예수님은 나의 목자입니다. 목자 되신 예수님은 크고 거창한 일만이 아니라 내 일상의 모든 것을 함께 나누기를 원하십니다. 그분은 내 삶의 모든 자리, 모든 순간에 함께하시는 분이기 때문입니다. 날마다 주님 앞에 나아가 그분의 인도함을 구한다면 결코 후회하지 않는 삶이 될 것입니다.

나를 사랑함이
믿음의 첫걸음입니다

강가에 흰뺨검둥오리들이 한가로이 낮잠을 즐기고 있었습니다. 쉬고 있는 오리들 곁으로 백로 한 마리가 다가옵니다. 무리지어 있는 오리들을 보고 먹을 것이 많다고 생각한 모양입니다. 짜리몽땅한 다리와 짤록한 목을 지닌 오리와 젓가락같이 기다란 다리와 목과 부리를 지닌 백로는 너무 다른 모습입니다.

흰색의 커다란 날개깃을 자랑하는 백로를 보는 순간, 『미운 오리 새끼』라는 동화가 떠올랐습니다. '오리와 백조'를 '오리와 백로'라고 바꿔보니 단어뿐만 아니라, '백조'와 '백로'의 큼직한 깃털과 하늘을 날아오르는 우아한 비상도 비슷해 보입니다. 오리 무리에 섞인 한 마리의 백조 새끼처럼, 만약에 오리들 사이에 백로 새끼 한 마리가 섞여 있다면 그야말로 백로 새끼는 아주 못생기고 기이한 "미운 오리 새끼"가 될 것입니다. 모든 것을 오리들의 관점에서 판단하기 때문입니다.

그러나 오리들이 백로를 어떻게 판단하느냐가 아니라, 백로 스스로 자신을 누구라고 생각하는가가 더욱 중요한 문제가 됩니다. 백로가 불필요한 열등감에서 벗어나는 길은 자신이 백로라는 사실을 인식하는 것뿐입니다.

오늘 많은 사람들이 타인의 관점에서 자신을 바라봅니다. 타인의 눈이 나의 거울이 되어, 그들이 바라보는 대로 나를 바라보고 그들이 평가하는 눈으로 나를 인식합니다. 우리의 불행은 나의 거울을 타인의 눈에 두면서 시작됩니다. 미운 오리 새끼인 백로가 자유를 얻는 길은 자신이 백로임을 아는 데서 비롯되듯이, 내가 남들의 평가와 판단의 올무에서 자유를 얻는 길은 '타인의 판단'이라는 거짓된 거울에서 벗어나 나 스스로에 대한 인식을 새롭게 하는 데에 있습니다.

사도 바울이 강조한 "우리 주 예수 그리스도의 하나님, 영광의 아버지께서 지혜와 계시의 영을 너희에게 주사 하나님을 알게 하시고 너희 마음의 눈을 밝히사 그의 부르심의 소망이 무엇이며 성도 안에서 그 기업의 영광의 풍성함이 무엇이며 그의 힘의 위력으로 역사하심을 따라 믿는 우리에게 베푸신 능력의 지극히 크심이 어떠한 것을 너희로 알게 하시기를 구하노라"(에베소서 1:17-19)라는 말씀을 단 두 마디로 줄인다면, "하나님을 알고, 하나님 사랑 안에 있는 너 자신이 누구인지를 알라"입니다.

하나님 사랑 안에 있는 내가 누구인지 아는 것이 무엇보다 중요합니다. 세상의 눈으로 나를 바라보며 남들과 같아지려는 생각을 멈춰야 합니다. 하나님이 나를 이 세상에 보내실 때에는 오직 나만을 위한 길을 예비해두셨습니다. 우리는 이 세상에서 그 누구도 아닌, 오직 나만의 노래를 불러야 합니다.

오리 무리에 다가왔던 백로가 다시 커다란 날개를 펴고 여유로운 모습으로 훨훨 날아갑니다. 내 안에는 남들이 알지 못하는 백로의 멋진 날개가 감춰져 있습니다. 오늘은 내 안의 감춰두었던 크고 우아한 날개가 어떤 것인지 한번 찾아보면 어떨까요?

십자가는 하늘을 날기 위한 날개입니다

바람을 가르며 멋진 비행을 하는 백조들을 바라보니 '내게도 날개가 있다면!' 하는 부러운 마음이 절로 듭니다. 자유롭게 하늘을 나는 새들을 바라보는 우리 모두의 마음이겠지요. 그러나 멋있어 보이는 모습 이면에 새들이 하늘을 날기 위해선 엄청난 수고와 에너지가 필요하다는 사실은 잘 인식하지 못합니다.

새에 얽힌 전설이 하나 있습니다. 하나님이 처음에는 날개 없는 새들을 만드셨다고 합니다. 어느 날 새들에게 날개를 주며 말씀했습니다. "너희들이 하늘을 날기 위해서는 날개를 다는 것이 좋겠다." 날개를 무겁고 귀찮은 것으로 여긴 몇몇 새들은 달가워하지 않았습니다. 그러나 그들은 느린 몸짓 탓에 얼마 지나지 않아 다른 들짐승들의 먹잇감이 되고 말았습니다.

하나님 말씀에 순종하여 날개를 단 다른 새들은 새로운 힘든 상황에 적응해야 했습니다. 처음엔 날개가 익숙하지 않아 무겁고 불편한 짐 덩어리에 불과했습니다. 그러나 시간이 흐르며 조금씩 익숙해지자 짐스러웠던 날개가 자연스레 몸의 일부가 되었습니다. 그리고 땅을 박차고 하늘을 날아오를 수 있게 되었습니다.

하나님은 우리 각 사람을 특별한 존재로 창조하셨습니다. 이 세상 어디에도 나와 똑같은 사람은 없습니다. 세상 그 누구와도 동일하지 않은 재능과 은사와 잠재력과 꿈과 열망을 통해 나만의 고유한 은사들을 개발할 기회를 주셨습니다. 그러나 하나님은 내게 부족함과 못남과 허물과 연약함도 함께 주셨습니다. 오늘 내가 하늘을 날기 위해서는 내게 있는 장점과 단점이 모두 필요합니다. 이는 나만의 역사를 만들어가시기 위해 하나님이 주신 선물입니다.

오늘 내가 져야 할 십자가는 불편한 짐이 될 수 있습니다. 그러나 그 십자가를 내 것으로 받아들이고 조금씩 앞으로 나아가다 보면, 어느 날 그 십자가는 나의 날개가 되어 저 하늘 위를 날게 해줄 것입니다.

햇살같이 따스한
하나님의 사랑

날이 꽤 추워졌습니다. 이렇게 쌀쌀한 겨울날에는 양지바른 언덕에 앉아 따사로운 햇살을 즐기곤 합니다. 포근한 햇살이 내 온몸을 감싸주며 나를 행복하게 해줍니다. 햇살 아래 나를 맡길 때, 나는 눈을 감고 하나님의 사랑을 느끼곤 합니다. 내 영혼에 비춰오는 하나님의 사랑은 밝은 햇살보다 더 포근하게 나를 감싸줍니다.

우리는 종종 하나님의 사랑을 우리 생각 속에서만 존재하는 추상적인 것으로 간주하곤 합니다. 그러나 하나님의 사랑은 한 송이 꽃을 통해서도, 시원한 한 줄기 바람을 통해서도 그리고 다정한 친구의 눈빛을 통해서도 느낄 수 있는 구체적인 것입니다.

햇빛과 바람과 같은 자연을 통해서만 하나님의 사랑을 체험할 수 있는 것은 아니지만, 내가 하나님에 대한 믿음을 지니고 있다면 작은 벌레 한 마리, 들꽃 한 송이, 따스한 햇볕 한 줄기가 내게 하나님의 사랑을 전해줄 수 있습니다.

내가 하나님을 생각 속에서만 믿는 것이 아니라, 나의 온 마음과 온 감정으로 하나님을 체험할 수 있는 것이라면, 나의 온 몸도 하나

님의 사랑을 느끼고 체험할 수 있게 됩니다.

호흡을 통해 내 안에 들어오는 맑은 공기와 같이, 하나님의 사랑은 내 안에 들어와 나의 온몸을 가득 채우고 나를 새롭게 하고 내 삶을 열매 맺게 합니다.

우리는 삶의 자리 어디에서나 하나님의 사랑을 만날 수 있습니다. 하나님의 사랑은 언제나 우리가 머무는 곳에 이미 존재하고 있기 때문입니다. 하나님의 사랑은 맑은 새들의 노랫소리 안에도 있고, 고운 미소 짓는 향기로운 꽃 한 송이 안에도 존재합니다. 우리의 영혼의 눈을 열어 우리를 감싸고 있는 하나님의 사랑을 바라보기만 하면 됩니다. 하나님의 사랑은 값없이 부어주시는 선물이기 때문입니다.

우리 삶 속에 다가오는 하나님의 사랑을 실제로 체험하기 위해서는 사물을 바라보는 새로운 눈이 필요합니다. 오늘도 하나님의 사랑은 나를 감싸고 있습니다. 지금 우리에게 필요한 것은 손을 내밀어 그분의 사랑을 붙잡는 것입니다.

성공은 구원이 아닙니다

우리는 흔히 하나님을 믿으면 복을 받아 만사형통한다고 말합니다. 그러나 환경 위기의 시대에 만사형통이 과연 진정한 복일까요? 지구의 온난화와 산성비 그리고 기후 이상 등은 더 이상 낯선 이야기가 아닙니다. 초록별 지구의 환경 위기는 인간의 탐욕을 위한 대량 생산과 대량 소비라는 산업사회의 결과입니다. 경제성장이란 무에서 유를 만드는 것이 아닙니다. 자연에 대한 폭력적이고 파괴적인 착취를 바탕으로 합니다.

오늘 복 받아 더 잘 살고 더 많이 누린다는 것은 지구의 자원을 고갈시키며 내가 소비한 만큼 지구의 환경을 오염시키는 것입니다. 하나님께 복을 받아 더 많이 누리게 되었는데 그것으로 인해 하나님의 창조세계가 파괴된다면, 과연 복이 무엇인지 되돌아봐야 하는 것 아닐까요? 우리의 무분별한 소비와 풍요는 창조주 하나님께만 아니라 우리 후손들의 미래를 도둑질하는 죄가 됩니다.

창조주 하나님은 당신의 걸작인 지구별이 원래의 아름다운 모습으로 보존되기를 바라십니다. 노아의 홍수 이야기에서 생물종의 보존을 위해 애쓰신 하나님은 그 사실을 잘 보여줍니다. 그러나 오늘 한국 교회는 하나님의 창조질서를 보존하는 데에 관심이 없습니다. 오히려 교회 성장에만 급급한 나머지 하나님의 복을 남용하며 인간을 비인간화시키고 환경을 파괴하는 데 앞장서고 있습니다.

소유와 소비가 삶이 아님에도 불구하고 소유와 소비에서 존재의 의미를 찾으며, 참된 삶의 가치를 상실해가고 있는 것이 현대인의 모습입니다. 『작은 것이 아름답다』라는 책을 쓴 슈마허는 생명을 경시하는 오늘의 문명이 죄악 위에 성립되어 있다고 강조합니다. 여기에 복을 남용하는 한국 교회가 도전을 받고 있습니다.

우리는 종종 하나님을 욕망을 채워주는 신으로 전락시키고 있습니다. 그러나 우리가 그토록 갈망하는 성공이 구원은 아닙니다. 우리에겐 성공을 위한 하나님이 아니라 구원의 하나님이 필요합니다.

옛 사람을 벗어버리고 새 사람을 입으라는 사도 바울의 말씀처럼 이제 우리는 이 땅이 아니라 하늘의 새 가치를 사모하는 그리스도인이 되어야 합니다. 지금 나는 어디로 가고 있는지 한번 되돌아봐야 할 때입니다.

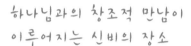

하나님과의 창조적 만남이 이루어지는 신비의 장소

혹시 집 안에서 결혼반지를 잃어버리고 밖이 더 밝다고 길에서 반지를 애타게 찾던 사람의 이야기를 들어본 적이 있으신가요? 우리는 엉뚱한 곳에서 반지를 찾는 이가 참 어리석다고 생각할 수 있습니다. 그러나 조금만 돌이켜보면 하나님을 찾고 있는 우리의 모습과 비슷함을 알 수 있습니다.

우리는 매일 하나님을 찾습니다. 하나님을 찾아 교회에 나와 예배드리고, 기도원에도 가보고 성지순례도 해봅니다. 무언가 더 거룩해 보이고, 또 하나님이 계실 것만 같은 데를 찾아가보지만 하나님을 만나지 못합니다. 그 까닭은 우리 마음에서 하나님을 잃어버렸기 때문입니다.

우리가 만일 내 마음 안에 계신 하나님을 잃어버렸다면, 우리는 그 어디서도 하나님을 찾을 수 없을 것입니다. 우리는 먼저 내 마음 안에 계신 하나님을 만나야 합니다. 내 마음에 함께 계신 하나님을 만나고 나면 내가 가는 곳마다, 내가 하는 일마다 언제나 나와 함께하시는 하나님을 보게 될 것입니다.

영성의 스승들은 수련자들에게 끊임없이 충고하기를 "너 자신의 마음에로 돌아가라"라고 했습니다. 인간은 하나님의 형상을 따라 지음 받았습니다. 하나님의 형상이란 우리의 외적 모습이 아니고 우리의 마음을 말합니다. 하나님은 특별히 그가 거하실 한 자리를 예비하셨는데 그곳이 바로 인간의 가장 깊은 곳 마음입니다. 하나님은 우리의 마음속에서 우리와 만나주시고, 우리 또한 하나님을 뵐 수 있는 곳이 바로 마음입니다. 우리는 끊임없이 하나님의 손 안에서 새롭게 태어나는데, 하나님과의 창조적 만남이 이루어지는 바로 그 장소가 우리 마음 깊은 곳입니다.

하나님을 밖에서 찾으려 하지 마십시오. 먼저 내 마음에 머물러 계신 하나님을 만나십시오. 하나님은 지금도 당신의 마음속에서 당신이 그곳으로 들어오길 기다리고 계십니다.

나의 하나님은
어떤 하나님입니까?

신앙인들에게 가장 큰 소망이 있다면 단 한 번만이라도 하나님을 뵙는 일이겠지요. 출애굽한 이스라엘 백성을 구름기둥과 불기둥으로 인도한 사건은 우리에게 가장 부러운 일 중 하나입니다. 우리 일상 속에 불기둥이나 구름기둥 중 하나라도 함께한다면 더 이상의 소원이 없을 것입니다.

우리는 성경공부를 통해 천지를 만드신 창조주 하나님에 대해 알고 있습니다. 100세가 되어 아들을 낳은 아브라함의 하나님에 대해서도 잘 알고 있습니다. 80세 넘은 노인 모세를 불러 이스라엘을 구원하신 모세의 하나님도 알고 있습니다. 골리앗을 물리치도록 어린 소년 다윗에게 힘을 주신 다윗의 하나님과 살인자 사울을 전도자 바울로 변화시킨 바울의 하나님에 대해서도 잘 알고 있습니다.

아브라함의 하나님, 모세의 하나님, 다윗의 하나님에 대해 그토록 잘 알고 있다면, 나의 하나님은 어떤 분일까요? 세상 사람들에게 나의 하나님을 고백할 수 있을 만큼 날마다 그분과 동행하며, 그분의 힘으로 하루하루를 살고 계신가요?

'너'의 하나님은 내게 아무 의미가 없습니다. '너'의 하나님은 그림의 떡에 불과할 뿐이니까요. 무엇보다 나의 하나님이 중요합니다. 하나님과 우리는 개별적인 관계이기 때문입니다. 하나님은 과거의 역사 속에 숨어 계신 분이 아닙니다. 하나님은 지금 이 순간 내 삶 속에 살아 역사하시는 하나님이십니다. 우리는 매일 내 삶을 어루만지시는 나의 하나님을 만나고, 나의 하나님의 힘으로 승리해야 합니다.

신앙이란 거창한 것이 아닙니다. 바로 내 곁에 늘 함께하시는 하나님을 향해 눈을 뜨는 것입니다. 오늘 내 삶에 다가와 조용히 속삭이는 하나님의 음성을 듣는 것입니다. 내 발걸음에 보조 맞추시는 그분과 함께 걸어가는 것입니다. 산새들이 각기 환경 속에서 살아가듯, 우리는 오늘도 내 곁에 계신 나만의 하나님을 발견해야 합니다.

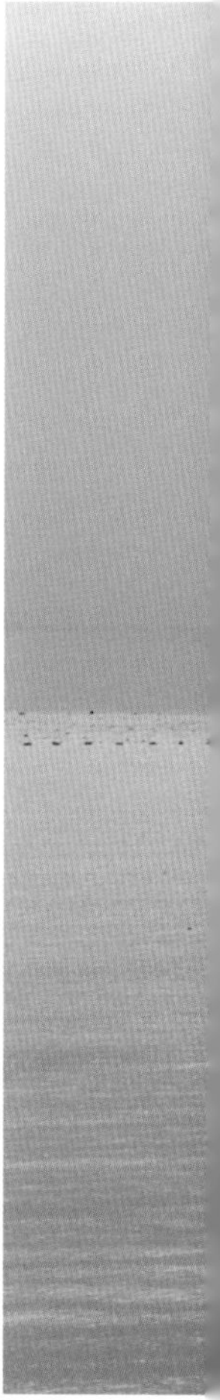

"기도란 바로 지금 내게 현존하시는 하나님을 인식하고, 하나님의 현존 앞에 나를 온전히
열어놓는 것입니다. 하나님은 지금 내가 서 있는 바로 이 자리, 이 순간의 하나님입니다."

다정하신 하나님을
호흡하기 원한다면

과학기술의 발달로 산업현장은 점점 더 기계화되고 있습니다. 토목공사 현장의 포클레인은 힘이 셀 뿐만 아니라 다재다능합니다. 수십 명의 사람들이 하루 종일 땀 흘려 해야 할 일을 한순간에 해치웁니다. 사람으로서는 어찌할 수 없는 바위도 포클레인의 괴력 앞에 여지없이 부서집니다.

무쇠 팔로 거침없이 헤쳐가는 포클레인의 강함을 바라보다 언뜻 “위대하고 강하신 하나님”이라는 찬송 구절이 스쳐 지나갔습니다. 만약 하나님이 우리에게 강함만으로 다가오신다면 하나님과 우리의 관계는 어떻게 될까요? 숨 막히는 복종과 자유 없는 억눌림일 것입니다.

율법이 우리에게 전해준 하나님은 자유의 날개를 억누르며 우리를 숨 막히게 하는 강한 하나님입니다. 그럼에도 매 순간 우리는 강한 하나님에 대한 유혹을 느낍니다. 내 모든 문제를 일순간 해결해줄 수 있는 만능 해결사 하나님을 소망합니다. 그러나 포클레인의 힘이 강하다고 사랑할 수 없는 것처럼, 그 강한 하나님을 사랑할 수는 없음을 알아야 합니다.

예수님은 우리에게 전혀 다른 하나님을 보여주셨습니다. 예수님의 하나님은 한없이 연약한 분입니다. 예수님의 하나님은 자신의 모든 것을 다 내어주는 바보 같은 분입니다. 그러기에 십자가에 달려 죽기까지 사랑하셨습니다. 예수님의 하나님은 가장 다정한 분이었습니다. 그러기에 우리는 그분 안에서 가장 깊은 편안함을 느낄 수 있습니다.

예수님은 세상에서 가장 강한 자란 최고로 힘이 센 자를 의미하지 않음을 보여주셨습니다. 참 하나님은 인간들이 바라는 어떤 힘과 강함이 아니라, 우리를 향한 사랑과 선함을 통해 만날 수 있습니다. 강한 하나님은 우리를 두렵게 하지만, 선한 하나님은 우리를 자유롭게 하시지요.

하나님은 우리에게 두려움과 위협이 되지 않습니다. 오히려 우리가 하나님 앞에 위협입니다. 하나님 앞에 내 마음의 문을 닫고 그분의 사랑이 움직일 수 없게 하기 때문입니다. 오늘 내 삶 가운데 다정하신 하나님을 호흡하길 원하시나요? 강한 하나님의 환상과 유혹을 벗어버리십시오. 하나님께 가까이 다가가려면 사랑의 발걸음으로 걸어야 합니다.

예수님을 닮아가는 참된 영성

우리는 요즘 '영성'이란 말을 자주 듣게 됩니다. 전엔 낯선 용어였지만, 최근엔 아주 귀에 익숙하게 되었습니다. 영성이란 말이 많이 쓰이고, 곳곳에서 영성 세미나가 열리기도 합니다. 그러나 영성의 참된 의미가 많이 왜곡되고 있는 것도 사실입니다.

사람들은 흔히 어떤 체험을 하거나 특별한 은사를 지닌 사람을 뛰어난 영성가라고 생각합니다. 그러나 영성은 결코 체험과 능력이 아닙니다. 여러 체험을 한 사람들을 바라보며 "왜 나한테는 아무것도 없는 거야"라고 자신의 신앙을 보잘것없이 여겨 괴로워하는 사람을 자주 만나게 됩니다. 그러나 기독교의 참 영성은 어떤 외적 체험과 능력에 있는 것이 아니라, 오직 하나 '겸손'에 있습니다. 하나님의 자리를 다 버리고 낮은 겸손의 종으로 오신 예수님을 닮아가는 겸손보다 참된 영성은 없습니다.

참 영성은 방법이 아닙니다. 많은 사람들이 영성의 방법을 찾아다니지만, 방법이란 농부의 연장과 같을 뿐입니다. 다양한 영성의 방법들은 하나님을 만나는 도구일 뿐 그 자체가 목적이 아니고, 그 많

은 방법이 다 내게 필요한 것도 아닙니다. 지나친 방법들은 오히려 영혼을 구속하고 성장을 방해하기도 합니다. 기독교의 영성은 아주 단순하고 쉽습니다. 예수님의 방법은 아주 간단합니다. 예수님은 우리에게 많은 방법과 수련을 원하시지 않고, 오직 좀더 많이 사랑하기를 원하십니다. 내 삶의 모든 자리에서, 그리고 내가 만나는 모든 이를 '사랑하는 것', 이것이 바로 예수님을 닮는 길이요, 참된 영성인의 삶입니다.

우리는 흔히 영적인 것, 느끼고 경험하는 기도 생활만을 영성이라고 생각하기 쉽습니다. 그러나 영성은 우리의 육체와 영혼과 지성, 그리고 마음과 정신이 함께 작용하는 전인격적인 삶입니다. 이 중 어느 하나가 빠진다면 그것은 왜곡된 영성입니다. 참 영성은 비록 우리가 이론과 방법을 모르더라도 그저 예수님과 함께, 점점 예수님을 닮아가는 전인격적이고 구체적인 삶입니다.

다시, 시작

거센 파도를 헤치며 나아가는 배처럼

"파도를
두려워하지 않을 때
더 멀리 나아갈 수 있습니다."

아름다움은 발견하는 사람의 마음에 있습니다

많은 분들이 제 사진을 보고 아름답다며 어디서 찍었냐고 물어옵니다. 제 사진의 주인공들은 길가에 핀 민들레와 풀잎 끝에 맺힌 아침 이슬방울처럼 우리 주위에 있는 흔한 것들입니다. 우리는 아름다움이란 특별한 곳에 있다고 믿고 싶어합니다. 그 아름다움들이 내가 숨쉬고 살아가는 바로 내 곁에, 내 발 아래 있다는 것을 쉽게 인정하지 못합니다. 그러나 아름다움이란 특별한 곳, 특별한 사물에 있는 것이 아니라 그것을 발견하려는 사람의 열린 눈과 영혼에 있을 뿐입니다.

사진작가인 프리맨 패터슨은 이렇게 말합니다.

"하나님은 창조하시고, 사람들은 발견한다. 발견은 우연이나 뜻밖의 사건이 아니다. 단지 우리 자신이 받아들일 준비가 돼 있다면 언제든지 발견할 수 있다. 내 모든 주위에 그리고 모든 순간에 발견되어지기를 기다리고 있다."

"아름다움이란 공감 앞에서 비로소 빛난다"라는 말이 있습니다. 보고 느낄 수 있는 마음과 귀를 가진 사람만이 아름다움을 안다는 뜻이겠지요. 내 앞에 아무리 아름다운 꽃이 있어도 그것을 아름답

다 느끼지 못한다면 아무리 아름다운 꽃도 의미 없는 돌멩이에 불과합니다. 아름다움이란 아름답다 공감하는 마음, 그 아름다움에 놀라고 기뻐하며 그 신비를 발견하는 사람의 눈과 마음에 있습니다.

우리 주변에 가득한 아름다움을 발견하고 느끼는 마음에 따라 삶의 행복이 달라집니다. 행복은 어떤 소유나 커다란 사건에 있는 것이 아니라, 아름다움을 발견하는 눈에 있습니다.

아름다움을 발견하는 눈은 어느 날 갑자기 생기는 것이 아닙니다. 매일 훈련과 연습을 통해 더욱 나아집니다. 찾고 바라보면 더욱 많은 아름다움들이 우리를 기다리고 있었음을 발견하게 됩니다. 오늘도 매 순간 모든 자리에서 발견되기를 기다리시는 하나님을 만나는 복된 발걸음이 되기를 기도합니다.

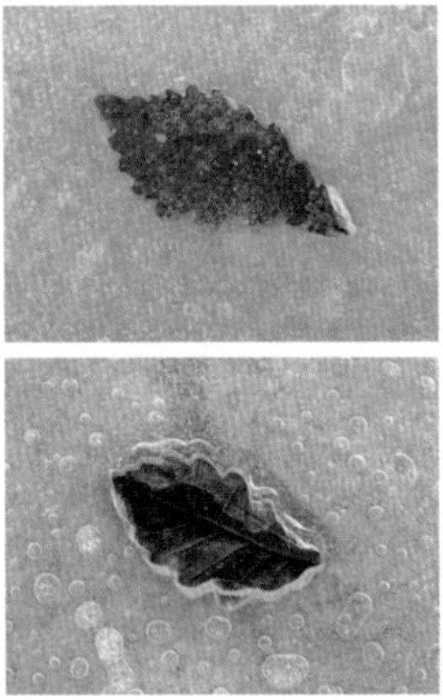

소리 없는 소리를 들어보세요

다윗은 시편 19편에서 "하늘이 하나님의 영광을 선포하고 궁창이 그의 손으로 하신 일을 나타내는도다. 날은 날에게 말하고 밤은 밤에게 지식을 전하니 언어도 없고 말씀도 없으며 들리는 소리도 없으나 그의 소리가 온 땅에 통하고 그의 말씀이 세상 끝까지 이르도다"라며 이 세상은 소리 없는 하나님의 음악으로 가득하다고 노래했습니다.

타고르는 『기탄잘리』라는 시집에서 이렇게 노래합니다. "당신이 어떻게 노래를 하는지 나는 알 수가 없습니다. 고요한 기쁨 속에서 나는 언제나 당신의 음악에 귀를 기울입니다. 당신이 부르시는 노래의 빛이 이 세상을 환하게 비추고 있습니다. 당신의 음악에서 흘러나오는 거룩한 생명의 숨결이 하늘을 가득 채우고 있습니다."

하나님이 만드신 이 세상은 하나님이 연주하는 멋진 음악으로 가득합니다. 하나님의 자녀들은 소리 없는 소리를 들을 수 있는 열린 영혼의 귀가 있어야 합니다.

한 과학자는 '살아 있다'는 것을 '교류'라는 한마디로 정의했습니다. '눈'이 살아 있음은 사물을 보고 인식하는 것입니다. '코'가 살아 있음은 숨을 쉬고, 향기를 맡을 수 있다는 것입니다. 그렇다면 내 영혼이 살아 있다는 것은 무엇일까요? 내 영혼이 모든 자리와 모든 순간에 하나님의 노래를 듣고, 하나님을 호흡하는 것이겠지요.

'바쁘다'는 말을 입에 달고 사는 세상에서 많은 사람들이 마치 눈가리개를 한 것처럼 아무것도 보지 못하고 살아갑니다. 우리는 주변을 돌아볼 여유가 없습니다. 그저 우리의 하루하루는 처리해야 할 많은 일들의 목록에 불과합니다.

바쁘게 살면 많은 일을 할 수는 있지만, 깊은 경험은 상실하게 됩니다. 우리 곁에 가득한 소리 없는 하나님의 소리를 듣기 위해서는 멈춤이 필요합니다. 소리 없는 하나님의 소리를 듣기 위해 고요히 머무르는 시간은 하나님이 나를 채우는 행복한 시간이 됩니다. 영혼이 깨어나 우리 주위에 가득한 소리 없는 소리를 들을 수 있을 때, 우리 삶은 더 풍요롭고 충만한 하루하루가 됩니다.

다시, 시작

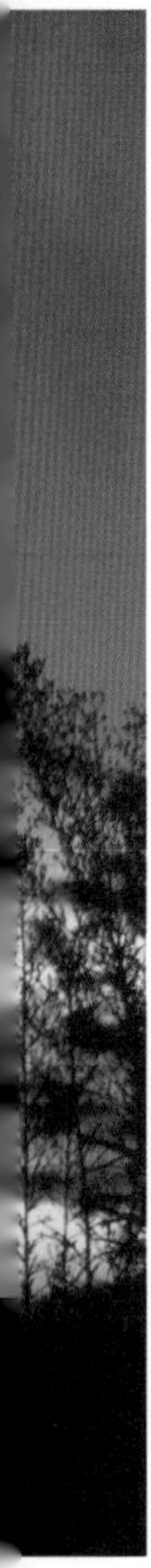

‘쉼’은 하나님을 만나는 축복의 시간입니다

바쁜 일상을 뒤로한 채 어디론가 떠나고픈 마음입니다. 그러나 마음처럼 쉽게 떠날 수 없는 것이 우리 현실이지요. 우리는 늘 ‘바쁘다’는 말을 입에 달고 삽니다. 많은 일과 업무에 시달려 항상 시간이 부족합니다. ‘바쁨’은 이 시대를 한마디로 표현해주는 단어일 것입니다. 바쁨이 미덕으로 간주되는 오늘날은 ‘쉼’의 가치를 잃어버린 시대입니다.

바쁘다는 것은 지금 이 순간을 내일을 위한 수단과 도구로 여기기 때문이기도 합니다. 우리는 ‘여기’ 있으면서 ‘저기’를 바라봅니다. 하나님은 지금 이 순간 이곳에 나와 함께하시건만, 우리는 그분을 내일, 저기 어딘가에서 찾으려 합니다. ‘쉼’은 바로 지금 여기 나와 함께하시는 하나님을 만나는 시간입니다.

‘쉼’이란 바쁜 일상을 내려놓고 우리의 마음으로 들어가 하나님을 만나 하나 되고 나 자신과 하나 됨을 회복하는 시간입니다. 내 마음 안에서 하나 됨을 회복하는 것! 바로 이것이 명상이요, 참 기도이지요. 고요한 시간을 만들어 하나님 앞에 머무르는 것은 바로 내가 나 자신이 되는 시간입니다.

사람들은 아무것도 하지 않는 쉼의 시간을 쓸모없이 시간을 보낸다고 불안해합니다. 그러나 쉼은 아무것도 하지 않는 시간이 아니라, 하나님을 만나고 나를 회복하는, 무엇보다 중요한 시간입니다. 쉼을 통해 하나님과 내가 하나 될 때, 이웃과 이 세상 존재하는 모든 것과 하나 됨을 이룰 수 있기 때문입니다.

사랑하는 벗님들, 많이 바쁘시지요? 그러나 잠시 멈춰 서서 한번 생각해보세요. 내가 무엇을 위해 왜 바쁜지, 어디로 가고 있는지…. 잠깐 멈추고 저 푸른 하늘 한번 바라보세요. 내가 지금 숨 쉬며 살아 있다는 것 한번 느껴보십시오. 성공을 위해 달려가는 발걸음을 잠깐 멈추고 내가 살아 있음을 한번 누려봄이 어떨는지요. '쉼'은 하나님이 당신을 위해 주신 가장 멋진 축복의 시간입니다. 오늘 하루 하나님 안에서 나 자신을 찾는 진정한 쉼의 시간이 되기를 기도합니다.

하나님의 다정한 편지를 읽어보세요

해마다 12월이 되면 다정한 벗들과 편지를 주고받습니다. 사랑의 편지로 서로의 안부를 묻고 그동안의 소식을 나누곤 합니다. 보고픈 벗으로부터 사랑 듬뿍 담긴 편지가 그리워지는 요즘, 만약 하나님으로부터 내게 편지가 온다면 얼마나 놀라울까요?

사실 하나님의 편지는 이미 내게 도착해 있습니다. 그 편지 봉투를 열어보지 않는 우리의 닫힌 눈과 마음이 문제이지요. 에르네스토 카르데날은 "모든 창조된 존재는 우리에게 보내는 하나님의 편지"라며 우리 주위의 모든 것들이 하나님이 내게 보낸 편지라고 이야기했습니다.

특히 종교개혁 신학자인 장 칼뱅은 "우리가 어디로 눈을 향하든 하나님의 영광을 볼 수 없는 곳은 없다. 모든 곳에서부터 이 빛이 우리를 비추고 있건만, 우리에게는 이것을 볼 눈이 없다. 우리는 눈이 멀었다"라며 하나님을 발견하지 못하는 우리의 감긴 눈을 안타까워했습니다.

하나님은 매일 우리에게 '성경'과 '자연'이라는 두 통의 편지를 보내고 계십니다. 이제 우리가 해야 할 일은 하나님의 편지를 활짝 펼치는 일입니다. 하나님의 정겨운 목소리가 듣고 싶으세요? 성경을 펼쳐보세요. 하나님의 미소가 보고픈가요? 길가에 작은 들꽃들을 한번 바라보세요. 위로 가득한 하나님의 따스한 손길이 그리운가요? 밝은 얼굴로 환히 빛나는 햇살 아래 나를 맡겨보세요. 나를 따사로이 감싸는 그분의 온화한 손길이 느껴집니다.

하나님의 속삭임이 듣고 싶을 때면 고요히 하나님의 편지인 푸른 하늘과 나무와 꽃을 한번 바라보세요. '바라봄'이란 사물을 막연히 바라보는 것이 아니라, 보는 행위를 통하여 자연이 들려주는 하나님의 속삭임을 내 영혼의 귀로 듣는 것입니다. 우리에게 다가오는 모든 것을 믿음을 통해 바라본다면, 작고 사소한 것에서조차 사랑 듬뿍 담긴 하나님의 속삭임을 들을 수 있을 것입니다. 하나님 사랑의 편지로 행복해지는 12월 되세요.

"우리는 먼저 마음 안에 계신 하나님을 만나야 합니다. 마음에 함께 계신 하나님을 만나고 나면
가는 곳마다, 하는 일마다 언제나 함께하시는 하나님을 보게 될 것입니다."

나는 오늘도 길 잃은 한 마리 양입니다

연말이면 교회마다 성경 이야기가 그려진 달력을 나눠주는 덕분에 멋진 성화들을 쉽게 만날 수 있습니다. 그중에 특히 제 가슴에 벅찬 감동으로 다가오는 성화가 있습니다. 가파른 절벽에서 길 잃은 위태로운 어린 양 한 마리를 구하기 위해 목숨의 위험을 감수하는 선한 목자의 그림입니다.

이 그림은 그동안 알고 있던 하나님에 대한 생각을 바꿔주었습니다. 엄한 규율의 잣대를 들이미는 하나님이 아니라, 나를 위해 당신의 모든 것을 다 버리신 사랑의 하나님이었습니다. 심판하고 정죄하는, 두려운 하나님을 믿는 이들에겐 아무리 열심히 헌신한다 할지라도 기쁨이 없습니다. 오직 하나님을 더 열심히 믿어야 한다는 것밖에 없습니다.

예수님이 이 땅에 오신 이유는 간단합니다. 하나님을 잘못 믿고 있는 이 세상 사람들에게 참된 하나님의 모습, 사랑의 하나님을 알려주시기 위함입니다. 예수님은 하나님이 우리를 사랑하신다고 말로만 전하신 것이 아니라, 당신의 목숨을 걸고 그 사실을 우리에게 증명하셨습니다.

우리는 목자를 고생시킨 길 잃은 양은 혼나는 것이 당연하다고 생각합니다. '너 때문에 내가 얼마나 고생했는데, 언제쯤이면 속 썩이지 않고 제대로 할 거냐?' 하고 다그칠 것만 같습니다. 그러나 선한 목자는 꾸중과 나무람 대신 잃은 양을 찾았다는 그 사실 하나만으로 기뻐합니다.

우리는 매일 길 잃은 양이 됩니다. 하나님께 기쁨을 드리는 삶을 살아보겠다고 다짐하지만 또 넘어지곤 합니다. 이렇게 연약하고 허물 많은 내 모습은 나 스스로 보기에도 정말 싫습니다. 그래서 하나님이 내 허물과 죄를 보시고 나를 꾸짖고 벌하시지나 않을까 염려하게 됩니다.

그러나 하나님은 내게 다가와 안아주실 뿐입니다. 이 험한 세상 살아가는 일이 얼마나 힘드냐며 내 등을 어루만져 주십니다. 그분은 오늘 또 넘어졌냐고, 너는 왜 매일 그 꼴이냐고 따지거나 책망하지 않으십니다.

나는 오늘도 내 욕망 따라가다 길 잃은 한 마리 양입니다. 그러나 예수님은 내게 다가와 나를 안아주시고 위로해주시며 오늘을 새롭게 살아갈 힘과 용기를 주시는 선한 목자이십니다. 선한 목자 예수님의 넘치는 사랑이 오늘도 우리 가슴에 가득 넘치기를 기도합니다.

다시, 시작

좋은 소식을 전하는
복된 자의 발걸음이 되기를

텔레비전과 신문을 통해 날마다 많은 뉴스들이 쏟아집니다. 그러나 그 많은 뉴스의 내용은 대부분 사건과 사고를 전하는 나쁜 소식들뿐입니다. 우리의 마음을 행복하게 해주는 좋은 소식을 찾기란 참으로 힘듭니다.

예수님은 우리에게 이 세상 최고의 의사요, 교육가요, 심리학자입니다. 이뿐 아니라 예수님은 이 세상 최고의 언론인이라고 할 수 있습니다. 'news'란 말이 '새로운 소식'을 의미한다면, '복음'(good news)을 이 땅에 전하러 오신 예수님은 그 누구보다 멋진 언론인이라고 할 수 있지 않을까요?

예수님이 우리에게 전해주신 "기쁨의 좋은 소식"이란 진리와 사랑, 그리고 생명과 평화가 다스리는 하나님의 나라였습니다. 예수님은 하나님의 나라를 교회 안에 가두지 않았습니다. 예수님은 죄인과 세리와 창녀들 곧 세상에서 버림받고 손가락질 당하는 사람들과 함께하며 그들에게 기쁨의 소식을 전했습니다. 마치 세상에서 벌레처럼 취급받던 이들이 하나님의 아들 예수님에게 존귀한 자로 인정받은 것입니다.

'하나님의 나라'는 저 먼 상상 속의 세상이 아니라, 하나님이 인간의 몸을 입고 직접 찾아오셨던 바로 이 자리에서부터 시작되어야 합니다. 예수님은 사람이 사람답게 살아가는 아름다운 세상을 보여주셨기 때문입니다.

마태복음 20장에서 예수님은 일터에 일찍 나온 품꾼이나 뒤늦게 일하러 나온 품꾼에게도 동등한 삯을 주신 천국 이야기를 하셨습니다. 그러나 오늘 우리는 똑같은 일을 함에도 불구하고 정규직과 비정규직으로 분리하며 사람을 사람답게 여기지 않아 발생하는 많은 문제들로 아픔을 겪고 있습니다. 사람을 '경제'라는 우상의 부속품과 소모품으로 전락시켰기 때문입니다.

오늘 한국 교회는 세상을 하나님의 나라로 변화시키기 위해 노력하기보다는, 교회라는 울타리에 갇혀 성장이라는 우상에 취해 있습니다. 만약 우리가 예수님의 길을 따르는 제자라면, 우리의 발걸음은 좀더 아름다운 세상을 만들기 위한 복된 소식들이 되어야 하지 않을까요? 화평하게 하는 자, 의에 주리고 목마른 자가 복된 자라는 예수님의 말씀을 기억하는 날들이 되기를 소망합니다.

다시, 시작

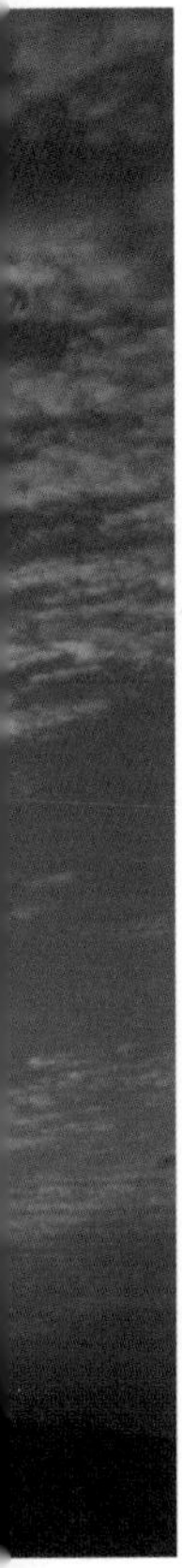

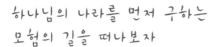

하나님의 나라를 먼저 구하는 모험의 길을 떠나보자

축구 경기가 열리면 양쪽 편의 선수들은 서로 자신들의 승리를 위해 하나님께 기도합니다. 하나님은 어느 팀의 기도에 응답해야 하는 것일까요? 기도를 더 열심히 했거나, 헌금을 더 많이 한 선수가 있는 쪽이 승리하게 될까요?

미국의 남북전쟁 때, 에이브러햄 링컨은 "하나님이 북부 편이라고 생각하는가"라는 질문을 받았습니다. 그는 "중요한 것은 하나님이 우리 편에 있는가가 아니라, 우리가 하나님 편에 있는가입니다"라고 대답했다고 합니다.

믿음 생활이란 "하나님이 내 편인가?"가 아니라, "내가 하나님 편인가?"라는 질문을 스스로에게 매일 매 순간 물어보는 광야 길과 같습니다. 예수님은 바로 이 믿음의 길을 "너희는 먼저 그의 나라와 그의 의를 구하라. 그리하면 이 모든 것을 너희에게 더하시리라"(마태복음 6:33)라고 명쾌하게 정리하셨습니다.

오늘 우리는 하나님께 어떤 기도 제목들을 올렸나요? 우리에게 필요한 모든 것은 기도했는데, 혹시 하나님의 나라와 의를 위한 기도는 빼놓지 않았나요? 우리의 기도가 응답되지 않았던 것은 기도가 부족했기 때문이 아니라, 우선순위가 잘못되었기 때문은 아닐까요?

하나님은 아브라함에게 네 고향을 떠나 낯선 길로 가라고 명하셨습니다. 하나님은 떠나라고만 이야기하셨을 뿐, 그 길의 방향과 목적지는 전혀 알려주지 않으셨습니다. 미래에 대해 전혀 아는 바 없이 무조건 떠나야 하는 아브라함의 막막함이 얼마나 컸을까요? 그러나 그는 과감히 자리에서 일어나 하나님의 명령만 의지한 채 두렵고 낯선 길을 향해 떠났습니다.

믿음의 길은 하늘의 보화를 바라보며 떠나는 모험의 여정입니다. 내가 정말 살아 계신 하나님을 믿는다면, "너희는 먼저 그의 나라와 그의 의를 구하라"라는 예수님의 초대에 도전해보면 어떨까요? 그의 나라와 그의 의 안에서 매일의 만나로 모든 것을 더하시는 그분의 놀라운 손길을 체험해간다면 이보다 더 행복한 삶이 없을 것입니다.

망망한 바다를 가르며 나아가는 배처럼

방파제로 둘러싸인 항구에 배들이 줄지어 있습니다. 떠내려가지 않도록 튼튼한 밧줄로 배들을 안전하게 묶어놓았습니다. 파도가 넘어오지 못하는 잔잔한 항구에 자리한 배들의 모습이 평화로워 보입니다.

그러나 배는 바다 한가운데 있어야 합니다. 배는 파도를 헤치며 앞으로 나아가기 위해 만들어졌기 때문입니다. 파도 없는 잔잔한 항구에 피신하기 위해 배를 만들지는 않습니다. 배는 오직 바다를 가르며 앞으로 나아갈 때 본래 자신이 만들어진 목적을 다하는 것입니다.

드넓은 바다를 헤치던 배는 잠시 항구로 들어옵니다. 그러나 그것은 일시적일 뿐입니다. 항구는 새로운 출항지로 떠나기 위해 잠시 숨고르는 장소일 뿐입니다.

우리의 인생도 하나의 배와 같습니다. 우리는 조용한 항구에 머물기 위해 태어난 것이 아닙니다. 망망한 바다를 가르며 나아가는 배처럼 우리 삶도 드넓은 바다를 향해 나아가야 합니다.

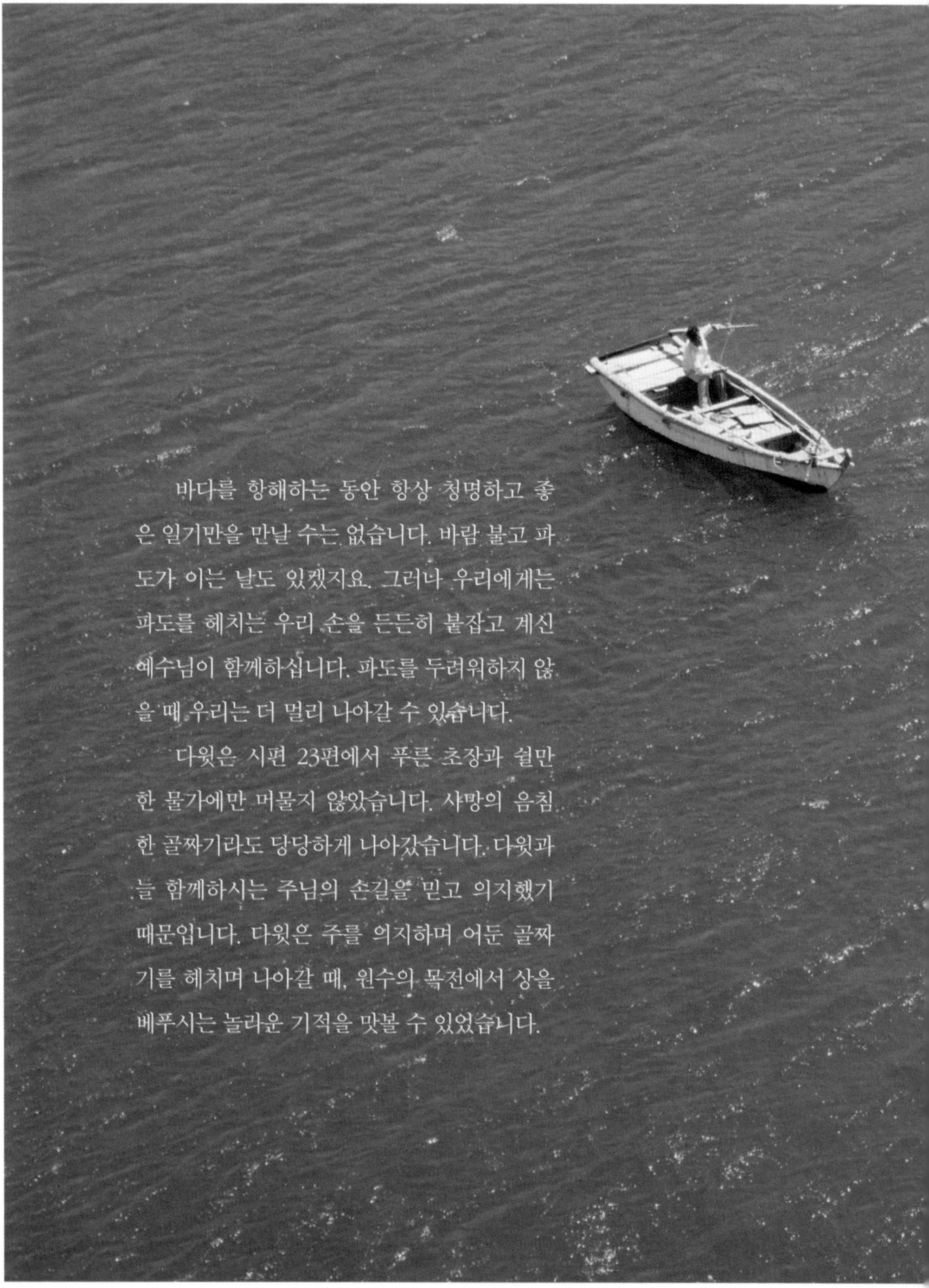

바다를 항해하는 동안 항상 청명하고 좋은 일기만을 만날 수는 없습니다. 바람 불고 파도가 이는 날도 있겠지요. 그러나 우리에게는 파도를 헤치는 우리 손을 든든히 붙잡고 계신 예수님이 함께하십니다. 파도를 두려워하지 않을 때 우리는 더 멀리 나아갈 수 있습니다.

다윗은 시편 23편에서 푸른 초장과 쉴만한 물가에만 머물지 않았습니다. 사망의 음침한 골짜기라도 당당하게 나아갔습니다. 다윗과 늘 함께하시는 주님의 손길을 믿고 의지했기 때문입니다. 다윗은 주를 의지하며 어둔 골짜기를 헤치며 나아갈 때, 원수의 목전에서 상을 베푸시는 놀라운 기적을 맛볼 수 있었습니다.

우리는 삶의 평안을 구하기를 좋아합니다. 조그만 문제가 생겨도 힘겨워합니다. 그러나 우리의 삶은 파도치는 바다입니다. 드넓은 인생의 여정에서 파도를 두려워하지 않고 당당히 앞으로 나아가는 자만이 놀라운 승리의 기쁨을 맛보게 될 것입니다. 파도치는 당신의 항해에 늘 주님이 함께하심을 잊지 마시기 바랍니다.

들꽃에게 귀 기울이는 시간

자연이 속삭이는 하나님의 음성

1쇄발행_ 2013년 2월 28일

지은이_ 최병성
펴낸이_ 김요한
펴낸곳_ 새물결플러스
편 집_ 정모세·정인철·최율리·유가일·한재구·박규준·강예림
디자인_ 이혜린
마케팅_ 이성진
총 무_ 윤미라

홈페이지 www.hwpbooks.com
이메일 hwpbooks@hwpbooks.com
출판등록 2008년 8월 21일 제2008-24호
주소 (우) 158-718 서울특별시 양천구 목1동 923-14 현대드림타워 920호
전화 02) 2652-3161
팩스 02) 2652-3191

ISBN 978-89-94752-35-8 03230

책값은 뒤표지에 있습니다.